社会科学哲学译丛　殷杰　主编

本书受教育部人文社会科学重点研究基地
—— 山西大学科学技术哲学研究中心基金资助

新社会科学哲学

实在论、解释学和批判理论

〔英〕威廉姆·奥斯维特（William Outhwaite）◎著
殷　杰　张冀峰　蒋鹏慧◎译

科学出版社
北　京

图字：01-2017-6276号

New Philosophies of Social Science: Realism, Hermeneutics and Critical Theory

Outhwaite, William

First Published in English by Palgrave Macmillan, a division of Macmillan Publishers Limited under the title New Philosophies of Social Science by William Outhwaite. This edition has been translated and published under license from Palgrave Macmillan. The author has asserted his right to be identified as the author of this Work.

图书在版编目（CIP）数据

新社会科学哲学：实在论、解释学和批判理论 /（英）威廉姆·奥斯维特（William Outhwaite）著；殷杰，张冀峰，蒋鹏慧译. —北京：科学出版社，2018.1

（社会科学哲学译丛）

书名原文：New Philosophies of Social Science Realism, Hermeneutics and Critical Theory

ISBN 978-7-03-055241-9

Ⅰ. ①新… Ⅱ. ①威… ②殷… ③张… ④蒋… Ⅲ. ①社会科学-科学哲学-研究 Ⅳ. ①C02

中国版本图书馆CIP数据核字（2017）第273042号

丛书策划：侯俊琳 牛 玲 邹 聪

责任编辑：邹 聪 刘 溪 孙 婷 / 责任校对：何艳萍

责任印制：李 彤 / 封面设计：有道文化

编辑部电话：010-64035853

E-mail: houjunlin@mail.sciencep.com

科学出版社 出版

北京东黄城根北街16号

邮政编码：100717

http://www.sciencep.com

北京虎彩文化传播有限公司 印刷

科学出版社发行 各地新华书店经销

*

2018年 1 月第 一 版 开本：720×1000 B5

2023年 1 月第五次印刷 印张：10 1/2

字数：132 000

定价：58.00元

（如有印装质量问题，我社负责调换）

总　序

社会科学是以社会现象及人的群体行为为研究对象的科学，其所从事的是对人类社会进行理性的、系统的研究；而社会科学哲学则是对社会科学的逻辑、方法和说明模式进行研究的学科，并以社会科学实践的理性重建为基本旨趣。实质上，二者之间呈现出科学与哲学的内在关系。作为人类知识的两种不同形态，自科学脱胎于哲学伊始，其与哲学就不分轩轾，但科学往往以其革命性的动力推动着哲学的发展甚至转向，科学发现为哲学困惑提供了新的出路，同时也使哲学面临着新的问题。

一方面，社会科学哲学的发展，从社会科学和自然科学的发展中获得了新的动力，这也是面向科学实践的社会科学哲学发展的基本路径。作为社会科学较为成熟的分支学科，经济学所描述的是，凸显社会状态而非物理状态的人类行为，其方法论被逐步扩展到政治学、社会学、人类学等其他社会科学当中，并且成为社会科学的普遍方法论，比如，理性选择理论依然是当今社会科学哲学所关注的热点之一。自社会学从哲学中分离出来之后，实证方法业已成为社会科学研究的基本方法，由此也开启了社会科学研究的实证主义哲学思潮，当然，实证主义在哲学中的兴盛与当时科学方法论的成功密切相关。时至今日，一系列科学新成果的出现，不断引发社会科学的深刻变化，特别是，人类学与社会学、心理学与认知科学之间的学科交叉发展愈益明显，这更有利于社会科学的“科学性”建设，也有助于社会科学哲学传统问题的实质性求解。比如，用互惠利他理论可以细化囚徒困境的说明，用竞争学习理论来说明跨文化异同，以认知科学中的联结主义来研究社会实践中的“共享”现象，等等。由此，可以看出，社会科学哲学正逐步“参与”到社会科学中来。

另一方面，从本质上讲，作为一种对科学进行的反思性实践活动，社会科学哲学就是要对社会理论的所有内容从根本上进行哲学层面的考察，进而寻找到各种理论性和纲领性的思想。作为哲学学科的分支，社会科学哲学的具体形态必然与一定时期的哲学形态相关联。在当代社会科学哲学中，无论是实证主义到后实证主义的相继出现，还是大陆社会科学哲学与英美社会科学哲学的区分，都与其所在的哲学传统有关。此外，社会科学哲学的历史发展，恰恰是哲学与社会科学互动的历史，也是社会科学不断通过自己的理论和实践表达，阐释和建立自己学科特征的历史。虽然当今社会科学有自觉摆脱哲学形而上瓜葛的倾向，但是社会中价值等规范性现象的合理性，却难以完全依靠经验事实来说明，诸如此类的问题，客观上就要求引入哲学的反思，这就使得社会科学哲学与哲学的发展总是同步进行的。20 世纪相继发生于社会科学哲学中的逻辑转向、语言转向、历史-文化转向和知识转向便印证了这一观念。

综上可见，不能孤立地理解社会科学哲学的发展，因为如果仅按流派来描述其发展理路，则有许多具体的焦点问题得不到应有的关注，这些问题恰恰是哲学与社会科学实践最直接相关、理论最中肯的地方。然而，如果只以具体问题的求解来呈现社会科学哲学现实状况，则有可能在整体语境的缺失下，难以周延问题的全部方面。因此，对于社会科学哲学整体研究的概观性图景的把握，就需要将二者统一起来，点线面结合，同时关注问题的历时性与共时性，这也是社会科学哲学的特殊性为研究者提出的根本要求。

国外社会科学哲学研究可谓方兴未艾。当前的社会科学哲学不能仅仅被视为科学哲学的分支，而是呈现出一种对社会研究实践进行反思的元理论研究。这是一种以社会科学的独立学科建制为基本定位的观点，它把社会科学哲学的研究视为在社会科学本身中进行的事务。可以说，社会科学哲学新的理论定位，直接以具体社会科学的研究对象为目标，不只限于为社会科学提供哲学认识论和方法论意义上的普遍指导，而且更专注于反思社会科学学科当中的社会科学实践，以及寻求具体学科本身的普遍原则和理论。也就是说，社会科学哲学面向科学实践的发展路径正在成为主流。特别是，在当前科学社会学和科学、技术与社会（STS）研究的推动下，社会科学家有组织的社会行为、认知劳动的组织模式、研究者的社会责任、研究共同体的制度化等方面，也正成为社会科学哲学自我反思的重要内容，这也使得社会科学哲学的理论和实践价值得到前所未有的认同。

近 30 年来，国内社会科学哲学研究基本上在各个问题域都有所展开，但是总体上看：一方面，在具体问题研究方面有所深入，在研究范式的形成方面却尚在起步；另一方面，社会科学哲学研究所涵盖的领域并没有形成统一的理解。事实上，这两方面的问题是相互联系的，研究领域的模糊，致很难形成用以对话交流的明晰问题，于是也就难以形成所谓的范式。这个现状是国际性的，社会科学哲学近一个世纪的发展，其本身特质使研究触角无往弗届。以新康德哲学为代表的大陆社会科学哲学，通过其解释学、系谱学和批判理论传统几乎可横贯整个西方哲学史，特别是，自狄尔泰系统探索用“精神科学”来区分自然科学始，到韦伯时形成了比较成熟的解释主义的社会科学哲学理论。而以语言哲学为代表的英美社会科学哲学，则与分析哲学交织在一起，比如，温奇秉承了维特根斯坦的后期思想，将“语言维度”引入社会科学哲学的研究当中。此外，当前的社会科学哲学又不可避免地与认知哲学、心灵哲学等分支联系在一起。实际上，科学社会学、STS 在一定程度上也被认为是广义社会科学哲学的一部分。更为复杂的是，传统哲学分支中还包括社会哲学、政治哲学、法哲学等，这些哲学分支与相应的具体社会科学哲学关系的界定一直存有分歧。在此，需要特别指出的是，从当前学科建制上来看，社会科学哲学的研究“散落”在外国哲学、科学技术哲学、马克思主义哲学等学科领域当中。虽然这些领域都在研究社会科学哲学，但整体上缺乏一种具有统一性的研究范式，如此一来，各个领域的研究共同体就很难形成相应的学术认同感，由此也导致了学术规范的缺失，使得社会科学哲学也难以作为一门学科持续发展。

当然，我们迫切希望社会科学哲学成为一门学科，而不是以一种跨学科的、边缘化的研究状况来呈现，因为它有自己的核心问题，即社会科学的科学地位问题。社会科学哲学学科的建立将有助于其研究范式的形成，而范式的形成更需要学术积累与进步。从近 30 年国内社会科学哲学发展的状况来看，其积累有一定的成就，但是与研究范式的形成还有距离，至少在与该学科相关的学术资料特别国外学术资料方面的丰富程度还不够。因此，我们启动“社会科学哲学译丛”的初衷就是，致力于为社会科学哲学研究范式的建立做一些推动性的工作。事实上，只有对国际学术进展有深入细致的了解，并具备广阔的学术视野，才能建立起自己的合理的学术规范乃至学术话语格局，进而做出理论与实践层面的创新。本译丛总体上出于学科建设的需要，遴选代表西方社会科学哲学最新进展的优秀著作，突出学术观点间的异质性，反映一个时期观点间的对话与交锋，重点关注原创性的作品，同时在国内同行已做好的工作基础上，力求呈现社会科学哲学近半个世纪以来的发展图景，为其学科建设做一份厚实的基础性积累。这将是一项艰巨的任务，所以我们把本译丛设计成开放的体系，徐图渐进，以期虑熟谋审，争取力不劳而功倍。

本译丛的整体框架由四个部分组成。第一部分的内容以史为主，包括社会科学史、社会科学思想史和社会科学哲学史，如《社会科学的兴起 1642—1792》《1945 年以来的社会科学史》《社会科学的历史与哲学》。社会科学是社会科学哲学研究的对象，是哲学依赖的事实基础；社会科学发展的规律和本质的研究离不开对历史的审视与重构；社会科学思想史介于科学与哲学之间，是社会科学范式转换发展的呈现；社会科学哲学史是社会科学哲学教学与科研倚重的方面，一门学科的建立首先是其学科历史的建立，有史才有所谓的继承与发展，有史才有创新的基础。第二部分的内容体现为具体社会科学哲学，如《社会科学与复杂性：科学基础》《社会科学的对象》。当今社会科学的发展从深度上讲专业化程度越来越高，从广度上来看交叉发展是不可逆转的趋势，呈现出学科间协作解决问题的态势，学科间的大一统越来越不可能，学科间的整合则时有发生。因此，对社会科学的哲学批判与反思已不能完全是一种宏大叙事，而需要参与到具体社会科学中来。第三部分的内容聚焦于社会科学哲学专论，主要包括名家名著、专题文集、经典诠释等，旨在呈现某一时期学界关注焦点、学派特色理论、哲学家思想成就等，如《在社会科学中发现哲学》《卡尔·波普尔与社会科学》。第四部分的内容专注于与社会科学哲学相关的教材，如《社会科学哲学：导论》《社会科学哲学：社会思想的哲学基础》。教材建设是学科教学建设的重中之重，成熟教材的译介，为我们编写适合实际情况的教材提供了重要的参照。对此，我们从两个方面来展开：一是社会科学哲学通识课教材；二是其专业课教材。总之，本译丛的规划框架兼顾史论，点线面结合，从科研与教学两方面立意，以期能满足社会科学哲学研究范式建设在著作和教科书方面的需要。

山西大学科学技术哲学研究中心一直以积极的姿态推动中国科学技术哲学的学科建设，以促进中国科学技术哲学的繁荣与发展为己任，在译介西方哲学优秀成果方面形成了优良的学术传统、严谨的学术规范和强烈的学术责任感，曾做过大量而富有成效的工作，并且赢得了国内同行的广泛认可。21 世纪初我们陆续推出“山西大学科学技术哲学译丛”，2016 年我们组织翻译的大型工具书《爱思唯尔科学哲学手册》9 部 16 册已陆续出版发行。我们将一如既往地秉承传统、恪守规范、谨记责任，以期本译丛能够实质性地推动我国社会科学哲学的教学与科研迈上新的台阶。由于本次翻译工作时间紧迫，翻译和协调难度大，难免在某些方面会不尽如人意，我们诚盼学界同人不吝指教，共同推动这一领域学术研究的进步。

在译丛即将付梓之际，作为丛书的组织者，有许多发自肺腑的感谢之言。首先我谨向各著作的原作者致谢，他们的原创性的成果为我们提供了可珍鉴的资源；其次，感谢科学出版社科学人文分社侯俊琳社长，他的远见卓识和学术担当，保证了本译丛的成功策划和顺利出版，他为此付出了难以言表的辛劳；再次，感谢每一部书的责任编辑，他们专业高效的工作保证了译著能够以更好的质量呈现出来；最后，还要感谢诸位译者，他们克服种种困难，尽最大可能保质保量地顺利完成了翻译工作。总之，我希望我们的工作最终能够得到广大读者的认可，以绵薄之力推动国内社会科学哲学事业的蓬勃发展。

“哲学社会科学是人们认识世界、改造世界的重要工具，是推动历史发展和社会进步的重要力量，其发展水平反映了一个民族的思维能力、精神品格、文明素质，体现了一个国家的综合国力和国际竞争力。”①社会科学哲学是哲学，同时是社会科学发展必不可少的思想前提，为社会科学澄清基本概念，以理论模式提供合法化辩护的工具性手段等；社会科学哲学的繁荣必将有力推动社会科学的发展。社会科学哲学译丛的长远意义也正在于此，“安知不如微虫之为珊瑚与嬴蛤之积为巨石也”②。谨序。

殷　杰

2017年10月10日于山西大学

① 习近平. 2017-10-10.（新华网授权发布）在哲学社会科学工作座谈会上的讲话（全文）. http://news. xinhuanet.com/politics/2016-05/18/c_1118891128.htm.

② 嬴，通“螺”。出自：章太炎. 1981. 译书公会叙//朱维铮，姜义华，等编注. 章太炎选集. 上海：上海人民出版社：36.

本 书 凡 例[①]

本书斜体有以下意义：

（1）作为例示的或被解释的词语。示例如下。

给予某一事件以*因果说明*，就是运用一条或更多条*普遍规律*和某些单称陈述即*初始条件*，作为演绎的前提，演绎出一个描述该事件的陈述。（To give a *causal explanation* of an event means to deduce a statement which describes it，using as premises of the deduction one or more *universal law*，together with certain singular statements，the *initial conditions*.）

（2）表示强调的词语。示例如下。

如奥托·纽拉特指出，直觉的理解对社会科学家*也许*有些用处，但那也只不过是暂时的。（As Otto Neurath put it，intuitive understanding *might* be of some use to the social scientist，but no more so than a reviving cup of coffee.）

（3）未归化的外来词语。示例如下。

特别（*Ad hoc*）

理解（*Verstehende*）

---

① 凡例为译者所加。

致我的父母

致　谢

在本书极为漫长的酝酿过程中，有许多人就部分手稿进行了阅读和评论。我要特别感谢此系列丛书的编辑安东尼·吉登斯（Anthony Giddens）和特佛·佩特曼（Trevor Pateman）。我也要感谢米切莉·巴雷特（Michele Barrett）、罗伊·巴斯卡（Roy Bhaskar）、加雷斯·摩根（Gareth Morgan）、吉利恩·罗斯（Gillian Rose）、安德鲁·塞耶（Andrew Sayer）和昆廷·斯金纳（Quentin Skinner）。我也非常感谢剑桥大学出版社，允许我在第四章收入一些曾经出版在昆廷·斯金纳（Q. Skinner）主编的《回归宏大理论》（剑桥：剑桥出版社，1985）的关于伽达默尔（H. G. Gadamer）的学说。

威廉姆·奥斯维特

目　　录

导　言

在过去 20 年里，英语世界对社会科学的性质与方法的理解，发生了一些巨大变化。我将此领域称为社会科学哲学，其不仅包含哲学家的工作，同时也包含许多社会学家和少数其他社会科学学科代表人物的工作。虽然我将实在论、解释学和批判理论描述为“新的”社会科学哲学，但我并非想要否认这三种哲学运动实际上具有相当长的历史。实在论科学哲学与科学本身一样久远，虽然它直到 20 世纪 70 年代早期才开始被有意识地应用于社会科学领域。解释学理论至少有 150 年的历史，它被应用于历史和社会科学的研究，已经有很长时间了。批判理论是 20 世纪 20 年代才发展起来的。然而，这三种学说在 20 世纪 70 年代都经历了一种飞跃，它们占据了以往社会科学主导观念的地位。 1

直到现在，我们可以毫不夸张地说，英语世界并没有社会科学哲学。相反，整体而言，存在着一种主要导向物理科学的经验主义或实证主义的科学哲学。这是社会科学普遍追求的方法论，*尤其*是人们将其改进形式，用来处理更为复杂的社会实在、实际上不可能的实验、对预测的严格限制，以及意识形态与客观性的问题等。只有历史学家最难将其研究的主题与此正统观念联系起来，即说明一个事件就是能够从一般规律推导出该事件来。[1]

据此而言，本书所论述的这三种哲学立场，侧重点并不在于社会
2 科学的实践活动。科学实在论主张科学假定的实体可能是真实存在的，而非仅仅是方便的虚构，它是科学哲学领域中某种程度上的神秘主义倾向，其倾向于围绕微观物理学和量子论问题展开论述。解释学是一种文本解释的理论，众所周知，它产生了马克斯·韦伯（Max Weber）的*理解*概念。从传统上看，中欧的文章对解释学进行了大量论述。然而西奥多·埃布尔（Theodor Abel）表示，解释学就是援引一种显而易见的“行为准则”（behaviour maxim）（如天气变冷时人们倾向于生火取暖）来进行说明。[2]批判理论随着 1964 年马尔库塞（H. Marcuse）《单向度的人》（*One Dimensional Man*）的发表，开始具有一些影响，但当时批判理论还没有太多一般形态的意义，也没有太多社会科学方法论意义。在方法论和道德方面，批判理论似乎是不常见的且不明显的。

我不准备对这些哲学和方法论如何占据现代社会理论的突出地位进行详细论述。首先，实证主义理论及其所引起的批评，已得到了广泛讨论。克里斯托弗·布莱恩特（Christopher Bryant）在该系列丛书较早的一本著作中，对其进行了极佳审视[3]，同样还有彼得·哈夫彭尼（Peter Halfpenny）较短的《实证主义与社会学》（*Positivism and Sociology*）[4]及安东尼·吉登斯（Anthony Giddens）的“实证主义及其批判”。[5]其次，我们若对实证主义的衰落进行充分说明，就应该更多关注于西欧和北美学术氛围的总体变化，以及社会科学机构的膨胀。这产生了在很多方面都不同于以往学术的全新一代。此外，虽然关于这些过程的完整历史还未成形，但它们的总体轮廓已经相当好理解了。

但是我们应该注意到，这三种哲学理论突出地位的形成，与人们重新对经典社会学理论产生兴趣密切相关，而大量对马克思、韦伯、

迪尔凯姆（Émile Durkheim）、齐美尔（G. Simmel）及其他人的研究说
明了经典社会理论。并且，与经验研究的定量方法相反的定性方法也
有了大量拓展，如参与性观察、案例研究、非结构化访谈等。但是总 3
体而言，我们所处理的过程是理论指导的，而非实践指导的。换言
之，与其说是社会学家投入一种定性研究，并随之为此实践形成一种
理论的或哲学的基本原理，不如说是人们在与经验研究相分离的过程
中，找到了大量理论性和纲领性的工作。这不仅体现了发展的科学学
科的劳动分工特征，还反映出一种社会学家和其他社会科学家的普遍
感受——社会理论的全部特征需要彻底重新检验。

在这一过程中，关键性因素是马克思主义在教育机构内外的复兴。向马克思回归，不仅在规模上强于向韦伯或迪尔凯姆回归，而且它们在性质上也是不同的。因为大多数参与其中的学者都认为自己是马克思主义者，他们通常反对社会学和其他社会科学。汤姆·博托莫尔（Tom Bottomore）[6]对此做出了对比，这是“反社会学的马克思主义”，而不是“社会学中的马克思主义”。然而，在制度方面，它仍然是社会学*中的*马克思主义，因为这些工作大部分是由社会学教师完成的。正是这个原因，以及与智识结构和社会学内容相关的原因，使得这两者之间的对立变得越来越模糊。尽管在许多西方国家，人们仍然认同马克思主义经济学家为经济学家中一种独特的分支，但马克思主义社会学家与非马克思主义社会学家之间，则并非泾渭分明。

因此，马克思主义的复兴与实证主义的衰落，构成了本书所讨论的三种哲学崛起的背景。当然，它们对三种哲学的影响是非常不同的。除了解释学转变为批判理论的那部分，解释学和*理解的*社会学是在反对马克思主义的过程中普遍发展起来的。当然，批判理论，无论它离正统马克思主义有多远，若不从其马克思主义起源进行解读，那将是难以理解的。实在论的情况更复杂一些。实在论科学哲学并不需

要采取任何社会理论的特殊变型。另外，对马克思自己所隐含的大部分科学哲学，我们最好将之理解为一种实在论形式[7]，而且，他的科学
4 实践观与现代实在论者的科学实践观有很强的亲和力。此外，事实上，与社会科学相关的实在论者大多都非常赞同马克思主义的社会理论。

在对实证主义的批判性回应上，这三种哲学同样产生了分歧，而这就是本书第一章的核心论题。我将论证，解释学和批判理论最初的主要影响在于强调自然科学与社会科学的区别。相反，实在论对实证主义进行了批判，实证主义完全曲解了*自然*科学，并且归根到底，自然科学与社会科学在其方法上，也许并不存在根本性差异。

在第二章和第三章，我将转向对自然科学哲学的实在论，及其所隐含的社会科学实践进行详细考察。其余的章节，我将论述解释学和批判理论的进一步发展，以及其本质的观点如何被吸收进社会科学的实在论观念中。我是在普遍性层面上进行论述的。不同于社会科学中解释学和批判理论的许多代表人物，我认为这些哲学在根本上是自然科学和社会科学广义实在论相兼容的。

第一章
新旧社会科学哲学

正如我在导言中所说，我不打算在此对实证主义科学哲学的现有文 5
献进行过多论述。但我们仍需对其进行简单审视，以便为解释学、批判理论及实在论铺垫背景。近期关于实证主义的较好著作，对实证主义进行了至少 12 种不同含义的区分。[1]但出于当前的目的，我们只考虑三种不同形式。

第一种是 19 世纪初孔德（I. M. A. F. X. Comte）对实证主义的最初表述。命名为“实证的知识”是为了将其与关于世界的神学的和形而上学的观念（实证主义正是由此而来）区分开，它是一种基于现象的因果律，从观察中推导出方法论上统一的和分层的科学观念。知识的进步是各门科学在其自身显著的分析水平上，成功地获得实证地位和科学知识的过程。“社会学”（这个术语由孔德提出）最终取得这种地位，并为整个科学大厦封顶，为实证主义道德科学和政治科学奠基。

这种观念在 19 世纪的思想中具有极大影响力。例如，在历史哲学中，巴克尔（H. T. Buckle）就坚持需要一门基于普遍规律（如那些决定犯罪和自杀的规律或将婚姻频率与玉米价格关联起来的规律）的历史科学。[2]尽管马克思和恩格斯轻视孔德，但是他们却以相当不同的方式，对探求人类社会发展的“自然”规律，有着共同的渴望。达尔文 6

对生物进化的阐释，进一步推动了这种思维方式（当然，恩格斯描绘了一种与马克思所发现的社会发展规律非常相似的方式）。

19 世纪中叶，我们同样也能看到最初对实证主义的解释学批判，这种批判的基本矛头持续至今仍未改变。德国历史哲学家德罗伊森（J. G. Droysen）谴责从法国、英国蔓延至德国的“粗鲁实证主义”（crass positivism），并发表了对巴克尔《英国文明史》（*History of Civilisation in England*）充满敌意的评论。德罗伊森的《历史知识理论纲要》（*Historik*）是解释学进路的最早文献之一，该书强调自然与心灵/*精神*（*geist*）的区别，及我们“理解”心灵/精神的方式与理解自然的方式存在根本性差异。[3]

第二种实证主义见于 19 世纪 20 年代维也纳学派的逻辑经验主义。这些哲学家避免使用“实证主义”这一术语，因为他们认为孔德的历史哲学本身就是形而上学的。他们对形而上学的批判在语言理论中更加猛烈，根据语言理论，不能被检验和证实的命题，实际上是无意义的。他们与孔德的其他主要不同之处在于对诸科学间关系的分析。对逻辑经验主义者而言，科学的统一性意味着，在孔德科学等级中“更高层”科学的规律，或更一般地讲，是语言可以被“还原”为低层科学的规律或语言。社会学的命题最终可以被分析为物理学命题或关于物质对象之语言的命题。在此观念下，解释学强调对社会行动意义的理解，是一种形而上学思想的残余。如奥托·纽拉特（Otto Neurath）指出，直觉的理解对社会科学家*也许*有些用处，但那也只不过是暂时的。

这种科学的观念以一种改进的形式导致了第三种实证主义。第三种实证主义对我们而言最为重要，在此我要对其深入探讨。它有时被称作科学哲学中的“标准观点”（standard view），这一术语表明了它在 20 世纪中叶的英语世界中长达 20 或 30 年的统治地位。其主要代表人物是鲁道夫·卡尔纳普（Rudolf Carnap）、卡尔·亨普尔（Carl Hempel）及欧内斯特·内格尔（Ernest Nagel）（从中欧移民至美国）、卡尔·波普尔（Karl Popper）（定居于英国）。

在此我不打算介绍这一立场的具体细节，而只提出其核心要素， 7
这也是与社会科学哲学最相关的，即我在别处称作规律-说明的正统观念。[4]我相信其基本主题是为人熟知的。所有科学，包括历史学和其他社会科学，都致力于追求采取普遍规律［有时被称作覆盖律（covering laws）］形式的说明。说明一个事件就是将其与普遍规律联系起来，将其分析为普遍的一般化。用一个相当常见的案例来说，我的汽车散热器结冰了这个事件，可以用支配着水的性质的普遍规律，再加上昨晚的低温（初始条件）来予以说明。这一说明观念所依据的正是休谟（David Hume）的因果理论。根据休谟的理论，所有我们能够观察的是事件的“恒常联结”（constant conjunction），如冰点和散热器破裂之间的恒常联结。这就是我们能知道的一切，这就是为了使经验科学成为可能我们需要知道的一切。

这种“标准观点”形成了社会科学哲学的基础。正如我在导言中所说，它实际上根本不是社会科学哲学。虽然它已经放弃了强维也纳论题，即所有其他科学都可以还原为物理学或物质对象的语言，但物理学仍然是一种理想。出于当前目的，其与在20世纪中期统治英语国家的改进的逻辑经验主义同样重要。尽管奥托·纽拉特早期对此颇为乐观[5]，但是人们已经证明，不可能将社会科学强行转变为这种科学的哲学观所能接受的形式。

这种观念的影响可以在各种社会科学哲学教材中看到。随便看一眼这些章节的标题和引用的例子，就能看到认识论的特权被普遍授予物理学。通常社会科学会被排斥在这些著作之外，直到列举完所有例证，才会出现在后面的章节中；社会科学自身提供的东西太过平庸了，以至于会降低整本书的格调。[6]

由此来看，社会科学到底哪里有问题？比起实验或测量的困难，或者意识形态的影响（尽管这些也是需要考虑的），更重要的是社会科
8 学中的规律和说明的问题。在此，人们可能存在两种观点：一种是，人们普遍渴望社会科学总有一天会获得大量堪比物理学和化学基本原则的规律；另一种是，在经验主义科学哲学中采取更加精确的形式。正如我们所见，在经验主义科学哲学中，说明被认为可以从覆盖律中演绎出来。没有规律就没有说明。对这种观点最早的表述，出现在1934年德国首次出版的卡尔·波普尔的《科学发现的逻辑》（*Logic of Scientific Discovery*）中。

> 给予某一事件以*因果说明*，就是运用一条或更多条*普遍规律*和某些单称陈述即*初始条件*，作为演绎的前提，演绎出一个描述该事件的陈述。[7]

正是这种规律和说明的观点，成为许多实在论者批判的核心目标。我们只需要将其明显的不合理性，看作对社会科学中说明的一种解释。亨普尔的经典论文《普遍规律在历史中的作用》（*The function of general laws in history*）试图解决这些问题。[8]亨普尔的目的在于证明以下观点：

> 在历史学中，正如在经验研究的任何其他部门中那样，*只有*依靠合适的普遍假设或作为有系统关联的假设群的理论，才能获得科学的解释。[9]

亨普尔以下面陈述为例：

> 请看这个陈述，沙暴区的农民们迁徙至加利福尼亚，是“因

> 为”频繁的干旱和沙尘使他们的生存日益艰辛，并且因为在他们看来，加利福尼亚似乎可以提供更好的生存条件。这个说明就是基于一些此类的普遍假设：人们倾向于迁徙至能提供更好生存条件的地区。但是，用所有可获得的相关证据充分合理地证实的普遍规律这一形式，来精确地阐明这种假设显然是困难的。[10]

但是，将这一假设以一般规律的形式（这一规律得到了所有相关证据的充分证实）精确地陈述出来显然是很困难的。这种说明不仅是困难 9
的，而且是毫不相关的。主张比较证据（其他地区处于类似情境下的农民可能选择迁徙或不迁徙）的重要性是一回事，这些证据也许提出了说明中的更多要素，如迁徙是美国的一种传统，因此美国人比世界上其他国家的人更乐于迁徙。但是，我们很容易感觉到，与真实的说明通常是不完备的说明图景相比而言，亨普尔历史解释的理想是元理论家的凭空幻想。

迈克尔·斯克里文（Michael Scriven）将此归结为谬论。他对科尔特斯（H. Cortes）继前两次失败后第三次远征下加利福尼亚（Baja California）的说明——“丰富战利品的预期，以及对他亲自领导远征队可以克服先前失败的原因的极大自信”[11]——进行阐释，以科学的“完整”形式呈现，例如：

> （1）所有自信地追求财富的人，从事任何可以带来财富的冒险活动。
>
> （2）科尔特斯设想第三次远征可以提供财富。
>
> （3）科尔特斯是自信的且追求财富的。[12]

不仅第一个前提明显是假的，而且整个分析是完全模糊的。

我已经用了相当长的篇幅论述问题，因为它最显而易见地表明了这种科学哲学的矛盾特征及其产生的问题。正如穆克兹斯奇（E. Mokrzycki）所指出，逻辑实证主义，至少从纽拉特时代起，不仅“是与社会科学的研究实践几乎完全缺乏交流的产物”，[13]而且几乎完全没有适应这种实践活动。正如穆克兹斯奇所说，社会科学家对此严重性，可能最好地解释为，比起自然科学，社会科学有长期的自卑感。

> 社会学及其他相关学科，如心理学、政治科学，处于一种例外的地位：这是一种科学性状况很成问题的学科。[14]

用社会科学哲学中的“标准观点”为社会科学解释，就如同治疗师通过告诉患者，他或她确实*是*低人一等的来说明其自卑感。但同时它也具有一种优势，即追求定量的而非定性的数据，回避*理解*（除非是以最普通的形式），寻求普遍规律的长期目标。没有这些规律，通过定义来说明是不可能的。社会科学最不可能满足于规律-说明的正统学说，但是他们可以一直尝试，而且他们中的一些人比其他人更认真地尝试了这种*一体化*：社会心理学比社会学更具一体化，社会学比历史学（正如我们所看到的，历史学很难变得符合规律-说明的正统学说）更具一体化。

但是，在本体论领域这些严苛的规则采取了更加自由的形式。关于社会的或特殊社会形式的本质问题，至少会被当作“纯”定义性的、术语性的问题，它可以*特别地*以一种非约束性的方式被解决。这是标准科学哲学温和的一面，这有助于其更易于被接受。关于何物存在的本体论议题，一方面被归结为理论的假设，无论是关于亚原子粒子的，还是关于阶级分层的；另一方面被归结为毫无意义的形而上学。逻辑经验主义的方案最初旨在一般哲学层面上反对“形而上学”，进而它将对哲学本体论的攻击扩展到对各门独立科学的本体论的攻击。[15]

因此，逻辑经验主义发展成为科学哲学中所谓的“标准观点”，使得社会科学面临着有时苛刻有时宽容的奇特的混合状态。正如我们将要看到的，随着其走向约定主义，而变得越来越宽容，这种约定主义用费耶阿本德（P. Feyerabend）的极端表述就是“怎么都行”。这种元理论的影响已经被霍利斯和内尔（Nell）的新古典经济学很好地证明了[16]，在我的《社会科学中的概念形成》（*Concept Formation in Social Science*）中，我试图沿着同一条线索继续走下去。[17]这种哲学对社会科学的积极作用不大，但它确实为抵抗可能出现的批判，提供了一系列有力的辩护。

换言之，标准观点提供了非常有吸引力的可能性路径，我们可以通过使用任意的、导致形式化理论的定义假设，来回避社会科学概念形成的核心问题，即指出社会世界本质特征的基本术语的建构问题。
我可以通过诉诸社会学内部的，以及社会学与其他社会科学（如更彻 11
底接受标准观点和规律-说明正统学说的经济学和心理学）之划界的频繁冲突，来充分表明我的观点。标准观点意味着社会科学概念的“可操作性”，对异化、*社会反常*、权威主义或任何事物可检验、可测量的“指示器”的建构。但是对很多社会学家来说，这并非一种可接受的前进方式。他们抨击在社会学和其他社会科学中由经验研究做出的简单化和任意性假设。正统学说对此的回应则是：这正是科学所要包含的东西，如果那些批评者不喜欢这些假设，他们就应该创建自己的理论概念，或者将自己限制在一个更传统的（根据正统观点是极为过时的）理论概念中。

20 世纪 50 年代后期，那些没有被正统观点吸引，或发现正统观点与他们所要研究的那种社会科学无关的学者，开始密切关注社会科学的其他哲学和方法论。如果标准观点享有“科学”这个术语的专利，那么就需要寻找其他描述历史学和社会科学研究实践活动的方式。我这里所呼吁的解释学批判，有许多不同的来源。在欧洲大陆，尤其在德国，解释学理论（即文本解释理论），在德罗伊森、狄尔泰（W. Dilthey）、文德尔班（W. Windelband）和李凯尔特（H. Rickert）等学者的作品中，已经完全进入历史哲学中了，之后又进入以齐美尔和马克斯·韦伯为代表的显著的社会学科学中了。（解释学理论本身在伽达默尔的哲学解释学中变得激进了，该哲学解释学吸收了海德格尔的现象学哲学。）韦伯对解释学理解或*理解（Verstehen）*的说明，可以被吸收进广义的实证主义理论中，正如塔尔科特·帕森斯（Talcott Parsons）和西奥多·埃布尔所做的那样。然而，尽管阿尔弗雷德·许茨（Alfred Schutz）对系统理论（如在古典经济学中和帕森斯社会学中的系统理论）持调和的态度，[18]但人们通常认为他向实证主义的自然主义发起了系统的挑战，加芬克尔（H. Garfinkel）和其他常人方法论者更不客气地推进了这一挑战。因此这些欧洲影响与已有的符号互动论传统，尤其是与在实证主义全盛时期就已经在美国强大起来的赫伯特·布鲁默（Herbert Blumer）的工作结合起来。

12 在这一点上，从语言哲学提取出的主题，丰富了马克斯·韦伯前后的中欧哲学。尽管语言哲学发端于维也纳，但它已经被路德维希·维特根斯坦（Ludwing Wittgenstein）移植到了英国，并从那里很快扩散到其他英语世界（某种程度上也到达了斯堪的纳维亚）。有时，彼得·温奇（Peter Winch）会提及德国唯心主义，及其本土盟友如哲学家柯林伍德（R. G. Collingwood），但他对“社会科学的观念”的主要攻击，是以维特根斯坦的“语言游戏”和“生活形式”观念为基础的。理解一个社会（无论作为其成员，还是作为观察者），就是学习用它的概念去思考。这些概念在某种程度上是社会得以运作的真实基础：“人与人之间的社会关系仅仅存在于他们的观念中，并通过观念而存在。”[19]社会生活中的规律，不应被理解为规律-说明的正统学说所理解的因果规律，而应被理解为立足于人们所遵循的*规则*。温奇想要展现维特根斯坦的工作对社会科学哲学中传统宏大问题的意蕴。约翰·奥斯汀（John Austin）和其他人的语言学分析，以更加谦虚的不同方式，被吸收进有关语言的常人方法论的工作中。

直到 20 世纪 60 年代中期，卡尔-奥托·阿佩尔才可能（Karl-Otto Apel）指出语言分析哲学与人文科学或*精神科学*（*geisteswissenschaften*）的大陆传统相融合。对阿佩尔来说，分析哲学的张力，一方面是其科学哲学及其对形而上学的批判，另一方面是其科学*语言*的导向：

> 从这一点可能得出结论：尽管分析哲学作为一种科学哲学，接受只有对事实的“客观性”解释，才是科学的目标，但是“语言分析”这一观念所包含的问题，必须把分析哲学从“走后门”，引到精神科学“理解”理论旨在处理的那些问题当中。[20]

这些联系在温奇的书中体现得最为明显，但它们也广泛地出现在行动哲学的著作中。行动哲学围绕的主题是：人类不仅由原因影响所推 13
动，而且也出于理由而行动。理由不是原因，理由必须根据遵循规则或一些其他分析模式来理解，这些分析模式根本上区别于对似律性规则的辨识。

分析哲学的这些内部发展的结果表明，社会科学中少数反实证主义者有了新的哲学支撑可以去依靠。如果他们产生这些影响需要经历一些时间，那么毫无疑问是因为分析哲学的“语言转向”自身，就是在没有宣言或其他纲领性成就的情况下发生的。在很长一段时间里，分析哲学的公共形象就是修正的逻辑经验主义。此外，从分析传统中不断涌现出的文献，大多都未能直接参与社会科学实践。对行动的分析通常极为个体主义。正如在彼得·温奇的著作中，行动的社会特征*被*给予应有的重视，这也出现在哲学对社会科学的优先性这一统治性的观念中，这种观念强调语言对社会生活其他维度的实际排除，因此倾向于对社会做出相当静态的解释。[21]

这一时期，第二股反实证主义的主要势力是法兰克福学派的批判理论。批判理论同样经历了很长一段时间，但是这次出于同样的原因，在语言和文化理论上产生了不同的影响。直到 20 世纪 60 年代末，尤尔根·哈贝马斯（Jürgen Habermas）才开始在英国和美国引起一些关注，其元理论的主要著作《知识与人类旨趣》（*Knowledge and Human Interests*）也直到 1971 年才在英国问世。[22] 尽管吉登斯的文集《实证主义和社会学》（*Positivism and Sociology*）（1974）探究了 1961 年的争论，以及阿尔伯特（Albert）和哈贝马斯再版的论文，但《德国社会学中的实证主义争论》（*The Positivist Dispute in German Sociology*）直到 1976 年才得以问世。[23]

哈贝马斯在《知识与人类旨趣》（*Knowledge and Human Interests*）中对实证主义的批判，本质上由一般论题和具体论题构成。一般论题是实证主义已经将认识论（知识的理论）转变为纯粹的科学方法论。在对实证主义的历史阐述中，哈贝马斯试图恢复实证主义隐藏的哲学
14 反思的维度：科学是建立在对知识的基本旨趣之上的，这些基本旨趣为自然和社会的可能性知识设置了条件。换言之，他以一种知识的*社会*理论的形式，重申了康德对知识条件的先验研究。知识的导向旨趣源于人类的基本旨趣，而不是抽象的人类意识的纯粹作用。

对受过分析哲学训练的读者来说，一般论题是难以把握的。相比之下，哈贝马斯的具体论题，理解起来的难度相对较小。具体论题是三种认知旨趣形式，经验-分析的科学以预测和控制客观化的现象之旨趣为基础；历史-解释的科学导向理解；批判社会科学基于解放的旨趣，将这两者结合在对因果阻碍理解的探究过程中。因此，具体论题进入对实证主义社会科学的批判。在此，实证主义社会科学被看成人

类技术控制的工具和先进资本主义社会的奴仆，这成为革命性学者运动的重要主题之一。

我将在后面章节更加详细地论述这些问题。现在，我们足以看到，对实证主义“解释学”和“批判理论”的批判，很少谈及其*自然*科学哲学的地位。哈贝马斯和伽达默尔宣称，实证主义*仅仅*作为科学方法论是不够的，其还需要用先验的（哈贝马斯）或者解释学的（伽达默尔）反思来加以补充。但是，哈贝马斯似乎并不反对实证主义作为自然科学的方法论：事实上，根据预测和控制的“技术”旨趣，哈贝马斯将自然科学刻画为某种程度上的经典实证主义，尽管其随后转变为反实证主义的结论。哈贝马斯所关注的并不是反驳自然科学方法论的实证主义说明，而是更多地限制其进入社会理论领域。但是这么做的代价就是，在某种程度上违背了其愿望，而支持了方法论二元论，即自然科学与社会科学的分离，而这种分离已经激发了解释学批判。正如温奇做出的评论，他并不想要这种理解和因果说明间的封闭界线，但在以弗洛伊德的精神分析和马克思的意识形态批判为基础的解放科学的概念中，他只能以一种相当不确信的方式将理解与因果说明连接起来。因此，到 20 世纪 70 年代中期，社会科学哲学中至少有 15
两大反实证主义哲学思想。它们在自然科学哲学中的参照点，逐渐不再仅仅是实证主义的传统理论，而是实证主义不断形成的具有价值的理论。

虽然社会科学家仍然将某种自由化的逻辑经验主义视为科学*的*哲学，但在其是否适用于社会科学上，却存在着分歧，因此关于逻辑经验主义的共识变得相当不同。在“这一演变过程的关键环节是什么”这一问题上存在不同的说法，但最重要的是所谓的“整体论转向”。在这个转向中人们认识到，科学命题不能以一种直接面对经验的方式而被孤立地检验，它们从自身所处的隐喻、模型和理论的复杂网络中获得意义。皮埃尔·迪昂（Pierre Duhem）在逻辑经验主义全盛时期之前就预料到的这种争论，但被奎因（W. V. O. Quine）、玛丽·海西（Mary Hesse）、罗姆·哈瑞（Rom Harré）及其他人反对。这种对科学理论内部结构的整体论分析与对科学变化的整体论分析［库恩（T. S.Kuhn）将其呈现为一系列离散的范式或“学科基质”］走到了一起。库恩的兴趣在于历史而非科学哲学，但他以约定主义的语言调侃，拉瓦锡（Antoine-Laurent de Lavoisier）在其发现氧元素后就“工作在一个不同的世界里了”[24]，他还将范式转变类比于格式塔转换和更改宗教信仰等，这种类比对科学哲学家思考理论变化的方式起到了根本性影响。保罗·费耶阿本德以其对“反对方法”的论证、“无政府主义”或者“达达主义”的标语给出最激进的结论——“怎么都行”。

在社会科学的立场上，这些看起来就相当熟悉了。那些善于反思的社会科学家们意识到，他们之所以坚持自己的理论，是因为其很难证明且很可能是意识形态的。即便是那些明知自己正确的人，也意识到，让自己的对手信服是非常困难的。最终，这可能并非社会科学不成熟的结果，而仅仅是*人类的命运*。不同的社会学理论和其他社会科
16 学对此的回应各不相同。处于社会学、社会人类学中，以及处于社会心理学边缘的那些更具相对性倾向的社会建构论者非常开心，正像那些拥护伽达默尔、海德格尔或前苏格拉底的人们那样。经验主义者在社会学中仍然很强势，在经济学和政治科学中则更强势，他们通常决定根据旧的规则继续向前推进，而似乎那些受马克思主义影响的人感到最为不安。20 世纪 60 年代末，库恩的《科学革命的结构》（*Structure of Scientific Revolutions*）在革命界产生了最初的感染力，这不仅是因为它的标题，而且是因为它强调，激进的范式或问题域与保守的范式或问题域之间存在尖锐的对立。马克思主义因此不理会那些经验主义者提出的谬论。同时，更重要的影响在于，社会学中的大量传统工作从经

验主义科学哲学中取得了合法性，而该合法性又随着经验主义科学哲学的衰落而减弱。尽管马克思主义者对相对主义从来都不满意，但最终还是受到了新科学哲学和科学史（看起来更重要且更具威胁性）明显的相对主义的影响（无论出于什么原因，近期对实在论的社会科学哲学的许多最重要的贡献是由赞同马克思主义的学者做出的）。

整体论转向不仅仅是对科学（或说是经验主义哲学家对科学的解释）进行怀疑论怀疑的来源。在其更积极的方面，它是期待已久的科学哲学与科学史及科学社会学之间*和睦关系*的一部分。尽管有些科学哲学家，如卡尔纳普和波普尔，为物理学做出过实质性贡献，但是他们大多都没有十分仔细地检验过科学实践。哲学家的贡献与科学家的贡献被认为是不同的，不同之处就像“逻辑分析”“理性重构”或者就像“发现的语境”与“辩护的语境”之区别这些口号所标明的那样。

这种独立的方法类似于关于行动的分析哲学，或阿拉斯代尔·麦金泰尔（Alasdair MacIntyre）对潜意识的“概念分析”（*原文如此*）。[25]在科学哲学中，也许最清楚的表达就是波普尔对库恩的回应。波普尔接受了库恩所谓的“常规科学”的存在，即科学在无可置疑的假设框架中活动。但是，波普尔将其视为“我不喜欢的现象（因为我认为那对科学来说是种危险）”。[26] 谈到库恩对“发现的逻辑”与“研究的心 17
理学”的区别时，波普尔总结道：

> 对我来说，为了探求科学的目的及其可能的进步，转而求助于社会学或心理学［或者如威廉姆斯（Pearce Williams）所建议的，转向科学史］是令人吃惊、令人失望的。[27]

但是，正如在其他地方一样，在此支持波普尔立场的科学哲学家越来越少了。大多数学者认为，无论库恩的哲学存在什么矛盾，他都已经指出了这种需要哲学探究的科学实践的重要特征。

以历史为基础的整体论，与对科学理论进行更为整体的内部分析趋于一致，必须指出，后者是波普尔本人在对维也纳经验主义的最初批判中展开的一个过程。语言哲学家和对历史敏感的科学哲学家，对观察术语与理论术语的区别及理论的演绎形式化理想发起了普遍攻击。玛丽·海西是坚持以网络和模型为基础的主要倡导者之一。[28] 根据这种观点，演绎主义错误地表现了科学理论的结构，使得理论无论就其内部还是与经验证据之间，都结合得比实际更牢固。同时，也将理论的作用误解为自然过程。对科学语言的进一步分析，突显出隐喻和模型观念的重要性。罗姆·哈瑞将其进一步指向了成熟的科学理论实在论和（特别是）对因果性的分析。在根据事物的力量与趋势的因果关系分析中，自然必然性得到了复兴。[29]

这些哲学思想的历史、它们之间的相互联系，以及它们与早期实在论之间的关系相当复杂，可以构成一本书。就我们而言，其足以使我们意识到，对知识基础的探究是经验哲学内部的自毁机制。逻辑经验主义始于两大假设：经验是知识的基础；理论概念是对逻辑系统或
18 数学系统的解释。这两者的结合从未真正实现，随着周期性地重新定义“对应规则”（连接理论命题与观察报告），两者频繁地分分合合。

实在论的解决方式是重新表述问题：从对直接经验的约定主义批判中得出推论，将对认识论（关于知识的理论）的关注转向本体论。考虑到我们所具有的科学理论总体来说已经对世界做出了非常好的解释，为了使科学成为可能，世界必须是怎样的？

第二章
实在论理论

科学哲学，尤其是称其为实在论的科学哲学，应该始于“科学 19
（如人类自身）是历史偶然的产物”这一前提，其似乎是悖谬的。但是除了从神创论的角度，这一前提能被严肃地质疑吗？其荒谬的另一方面是明显粗鲁的认识论，这种认识论只允许我们确信自己的经验，但不确信所经验的对象（外部世界、他人的心灵或者甚至是我们的存在本身）。所有对知识的解释，都是从“存在的”多于“被感知的”这个假设开始的。而且，如果不假设我们所谓的自然规律在人类进化之前，*更不用说*在开始从事科学之前，就以和现在相同的方式运作，那么科学理论是不可想象的。如果有人对科学哲学进行思考，就会意识到它是一种忽略了上述考虑的奇怪的科学哲学。

因此，实在论是一种常识性的本体论，在这种意义上，它对科学在不同实在层面上所揭示的事物、结构和机制的存在，进行了认真的观照。在关于非连续性可观察“事实”的断言和主张之间，不存在原则性的区别。科学的任务恰恰在于以更基本的结构来说明这些“事实”。在这个过程中，它可能揭示出一些“事实”，如太阳穿过天空这种可观察的运动，在某种意义上是一种幻想。科学的主张并非总是正确的：像燃素和以太这些物质可能不得不从我们的本体论中剔除；原子也可能根本就不是不可分的微粒，而是结构复杂的实体，等等。实在论的假设仅仅是实体的存在不被理解为启发式的假设，而是如其他
20 假设那样，被当作真值函项的断言，即便我们也许现在还没有，并且最终也许永远不会知道它的真伪。

这种非原子论本体论的另一面是非经验主义的认识论：这种认识论考虑到科学所带来的复杂的且通常是矛盾的概念重构。此外，实在论的观点认为，这些解释*只是*假设，在这种意义上，它们可以潜在地被进一步的发现所矫正。如巴斯卡的《科学的实在论理论》（*A Realist Theory of Science*）所言，它们是科学的可及对象。人类创造出它们，是为了表征科学的不可及对象——实在的实体和结构。[1]巴斯卡在书的结尾提出的：

> 事物的存在和运行独立于我们的描述，但是我们只能在特定的描述下去了解它们……科学……试图系统性地在思想中表达事物的运行方式和结构，而事物的存在及运行却是独立于思想的。[2]

正如其他的哲学立场，我们只能根据实在论对其他科学哲学，或有时被称作科学元理论的反驳来对其进行理解。因此，在本章的第一部分，我首先要对比实在论与经验主义，对比实在论与各种一般称作约定主义、工具主义或实用主义的立场，这些立场在20世纪背景下被认为是经验主义式微的产物。换言之，我们并不关注各种抽象立场间无休止的对话，而是关注真实发生的动态过程。在此过程中，对经验主义简单确定性的抛弃，导致科学哲学滑向危险的境地——所有对真理的主张都显然不得不被抛弃，对不同理论的选择，似乎只取决于不同的口味或信念。避免这种危险存在两种基本的可能途径：一种是通常称之为理性主义或先验主义立场；另一种是我在此主张的实在论立场。因此，在本章的第二部分，我将焦点转向实在论与理性主义之间

的对比。

我们再次审视因果联系的实在论分析与经验主义分析的对比。经典的经验主义始于对事件间恒常联结的观察。密尔（J. S. Mill）为这种休谟观念提供了清晰的概述： 21

> 我们除了现象的知识之外，没有任何事物的知识，而我们关于现象的知识是相对的，不是绝对的。我们既不知道事实的本质，也不知道任何事实产生的实际方式，而只知道它对其他事物以前后相继或相类似的方式发生关系。这些关系是恒常的，也就是说，在同样的情况下总是相同的。这些把现象联结起来的现象的恒常相似性，以及把现象作为前件和后件而结合起来的恒常关系与顺序，就被称为这些现象的规律。这些现象的规律就是有关它们所知道的一切。它们的本质及它们的最终原因，无论是至动因还是目的因，都是我们所不知道也不可思议的。[3]

例如，我们观察到，当温度降低到0℃时水就结冰了，于是我们总结出一条规律：无论什么时候，当后者发生时，前者就会发生。当有人问我们，为什么他们的水池或汽车散热器会结冰，我们就会解释说，那是因为温度降低的缘故。在另一方面，这条规律能使我们做出预测：我们会警告人们，假如温度降到0℃以下，如果不添加防冻剂，他们的汽车散热器就会结冰。考虑到规律在过去就存在，我们可以相信（*不同于*归纳“问题”）规律在将来也会存在，规律同时支持说明和预测。

但是，用“一直总是这样的”来说明“为什么”事情发生，即使是好奇的孩子也不会感到满意。如果我问为什么火车晚点了，被告知8:55的车总是晚点，我很可能就会感到些许安慰。但是，即使是英国铁路公司，也不敢用这种说辞来作为火车晚点的*说明*。关于说明的

“覆盖律”的幸存是哲学史上的一大困惑。它只能被解释为对本体论，尤其是对自然必然性的病态恐惧。

相比之下，实在论者则根据事物的本质及其相互影响和因果力（及倾向）对因果性进行分析。在此，具有指导性的是那些现实存在
22 的结构和机制，而非现象和事件。巴斯卡认为从恒常联结的经验开始是将三种独立的领域混为一谈：①真实领域（由实体、机制等构成）；②事实领域（由事件构成）；③经验领域（由经验构成）。但是，这些领域是截然不同的，从①到②，从②到③都是偶然的。即便没有被经验到，事件也会发生，更重要的是因果机制可以彼此抵消，以此方式而显得没有任何事件发生，在现实中没有潜在可观察的变化。我的写字台上的物体都受到地球引力的吸引，但由于受到来自桌子的阻力，因而它们没有落到地上。敞开的窗户受到风吹，但因为有金属条支撑着，所以仍然被固定于原来位置。我身体的健康状态是身体内部持续不断的激烈冲突的结果。热水锅炉在与热力学第二定律的效应做斗争。恒常联结的分析与实在论的分析是不同的，恒常联结的分析进行逻辑上的预设，在这系统中对因果关系的考察是独立于外部影响的。然而，实在论对因果关系的分析，能够对复杂而开放的系统（我们生存的及我们自身的）中不同因果趋势的相互作用做出解释。

实在论的观点非常重要，因为它是实在论分析独特的优点，即它能使我们看到我们所拥有的因果力和倾向，与那些其他物理对象的因果力和倾向的相应关系。与其他高级动物一样，我们可以选择实施某些我们的因果力可能做到的因果序列。不同于它们的是，我们会反思这些力量，并制订出发展和利用它们的长期计划，如通过“塑身”、学开车、接受精神分析或者任何其他事情。我们行为的理由，无论将其看作原因还是其他不同的东西，它都对我们的行为起作用。例如，某人戒烟是一个复杂结果，一方面是由于身体依赖和习惯等，另一方面

是由于戒烟的理由。

我在前面以与经验主义对比的形式，对实在论进行了概述。现在，我们将对此展开充分论述。我们有必要介绍一些进一步的立场，即通常所说的工具主义、约定主义或实用主义。我认为，我们对这些 23
立场最近几十年的历史进行考察，就会清楚它们是经验主义的产物。科学哲学的一个主要问题在于，缺少对这些术语和其他术语使用上的共识，但基本情况是非常简单的。正如我们在第一章所看到的，经验主义，无论是经典休谟的，还是维也纳学派及其追随者的逻辑经验主义的，都对关于实在的哲学论断持怀疑态度。它在对观察的分析（经典经验主义）或者对观察-*命题*的分析（逻辑经验主义）中寻找根基。逻辑经验主义认为所有其他命题，或者是表达了逻辑的或数学的真理，或者是不可能证实的，因而也是毫无意义的。命题“上帝存在”（或者，就此而言，“上帝不存在”）是没有意义的，因为没有任何与之相关的可观察证据。同理，这也体现在命题“电子存在”与“电子实际并不存在，只是我们为了对观察结果做出陈述所假设的方便的虚构”的对立上。上述关于电子的命题所体现的实在论和工具主义立场严格地讲是“无意义的”，它们仅仅表现可供选择的语言，就像英语和法语那样，对哲学家来说是同样可取的。例如，鲁道夫·卡尔纳普报告称：他“逐渐”变得“清楚地认识到，自己的思维方式对传统争论保持中立，如实在论与唯心主义、唯名论与柏拉图主义（共相实在论）、唯物主义对唯灵论等”。[4]

根据这种观点，科学理论可以还原为观察命题（或者由观察命题构建的更为复杂的构造）和逻辑-数学关系。问题在于这种理论的“取消”方式，正如彼得·哈夫彭尼（Peter Halfpenny）所描述的[5]，不能提供对科学命题的充分分析，因为大多科学命题不能用观察术语清晰地定义。对观察命题来说，似乎在所有情况下都负载理论。所以观察术语与理论术语的区别似乎越来越模糊。在此区别中，理论术语越来越被对应规则“部分地”解释。

随着理论与经验联系的自由化，经验主义转变为约定主义和实用
24 主义。最初对理论的怀疑论，产生了一种同样的对经验数据的怀疑论。怀疑主义长蛇吞掉了自己的尾巴，基础蒸发了，“理论的地位一路下跌”。在奎因的经典构想中，“我们关于外在世界的陈述不是个别的，而是仅仅作为一个整体来面对感觉经验的法庭的……具有经验意义的单位乃是整个科学”。[6]

奎因坚持一种适度的实用主义实在论。针对实在论哲学家斯马特（J. J. C. Smart）的观点，即奎因已经从工具主义者转变成实在论者，奎因在回应中强调了自己观点的连续性。通过“最终价值的存在是理论上的”这一表述，撤销了被斯马特看作对实在论让步的主张。在《语词和对象》（*Word and Object*）中他继续重申了下面这段话：

> 把设定物称为设定物，并不是要贬低它……从一个理论建构的过程来看，所有我们承认其存在的东西都是设定物。而从被构成的理论来看，它们同时又是实在的东西。我们也不应因此贬低理论观点为一种虚构，因为我们永远只能使用这样或那样一种观点，即我们此刻所能得到的最佳的理论观点。[7]

实用主义立场的实质就在于：真理、现实和存在只有在理论中才有意义。我们的理论（与经验主义相反）不能被观察证据完全决定。也就是说，同一个证据可能兼容于多个不同理论，而我们必须在这些理论间做出选择。如同经验主义者，实用主义者加引号地使用实在论语言，但是直接引用实在论的主张，那是没有意义的，因为那超出了经验（经验主义）或者我们可用的理论（实用主义）。超出经验和/或“我们此刻所能得到的最佳理论”所告知的东西，我们将无法知道任何

事物。

经验主义的目的是为了保持与科学的连续性，同时为哲学保留一种特殊地位，即评判各种知识论断的特权。实用主义哲学旨在通过放弃哲学的特殊地位，以一种相当不同的方式保持与科学的连续性。用奎因的话说：“拒斥第一哲学某种程度上优先于科学的理想”。[8]这种回 25
应伴随着经验主义逐渐放弃寻求知识的可靠基础。正如理查德·罗蒂（Richard Rorty）指出，在洛克（J. Locke）那里，作为哲学核心关注点出现的知识理论

> 被用来说明*知识何以可能*，同时，在这样做时要按照某种*先验方式*，这种先验方式既超越了常识，又避免了为神经细胞、老鼠或问卷去操心的必要。[9]

这样就给内省以认识论特权：就伍迪·艾伦（Woody Allen）而言，其如同孤独的自慰意味着和你最爱的人发生性关系。认识论也一样，我们关于自己心灵，以及心灵接受的各种印象的知识是最珍贵可靠的认知来源，而这些印象从何而来则是推测性的。即使我们确信外部世界和其他心灵的存在，然而要了解它们的结构还是相当困难的，因为印象是单个的。我们似乎看到了因果联系，但是我们如何确定其存在?

实用主义包含着源于实证主义自我消解的怀疑论结论。当然，许多学者试图复活新经验主义或者缓和约定主义立场，这在某种情况下就从经典实证主义滑向了实用主义。[10]但是我认为这可以表明，这些立场与经典的实在论或实用主义立场面临同样的压力。

例如，假设有人主张，科学的进步就在于其理论变得更具说服力、“实践的充分性”或诸如此类的东西。但是，不管如何对其进行具体说明，基本的困境依然存在。*或者*，凭借一个理论可能好于另一个理论，以一些对现实本质的阐述为基础。*或者*，这些议题是被排除在检

验的法庭之外的，“更充分”仅仅意味着“在特定的时间，被某个特定的科学共同体中有能力的成员认为是更可取的，这是由于考虑到他们
26 学科的建构方式和（也许）某些更为普遍的理论*旨趣*”。我认为，后一种立场只有在实用主义中才能得到充分表达。在其他地方，比如在范·弗拉森（van Fraassen）那里，它与更具实在论立场处于紧张关系中。[11]

对美国实用主义者理查德·罗蒂而言，问题的根源在于哲学（被认为是知识理论）的基本概念。他的批判是实在论者所赞同的。但是罗蒂从否认*哲学*在言说知识、真理等问题上有任何特别的价值，转向否认哲学对它们*根本*有什么能说的。罗蒂的实用主义是激进的实用主义，因为罗蒂不像其他实用主义者那样，解构“真理”以支持一种方法论的知识辩护[12]，他发现知识辩护的整个过程令人讨厌。尽管与“系统”哲学存在传统的联系，然而他更愿意把哲学看作“有教化意义的”，看作以欢迎的和不做评判的精神，将不同话语聚在一起的“对话”。

正如我前面对实在论做出的论述，对实用主义也可以做出同样的论述。实用主义的哲学立场具有很长的历史，但它作为经验主义解体的产物，以一种特殊的新形式回到哲学的显著地位。经验主义的解体，产生了两种基本的哲学路径：或者是消解真理概念的约定主义、新工具主义和实用主义立场；或者是保持真理概念的理性主义（或先验主义）或实在论（或唯物主义）。

正如我们所看到的，经验主义科学哲学在 20 世纪基本上是其解体的历史[13]，或者至少是其嬗变的历史。[14] 这个过程在 20 世纪 60 年代越来越明显，这为那些想要发展实在论或理性主义的哲学家提供了新的动力。甚至在世界资本主义经济正值繁荣时期，也存在某种与马克思对资本主义的批判相类似的主张，它继续坚持剥削的基本事实、资

本主义生产方式的不稳定性、非马克思主义经济学将其合理理论化的无能。但是，在经济衰退和大量失业的20世纪30年代和当代，人们怀疑资本主义体系及为其辩护理论的可行性，马克思主义批判显得更为迫切。甚至那些反对马克思主义研究细节的人，也不得不承认马克思主义至少是一种关于非常明显的沉船危险的*可能*理论，一种*可能的* 27
逃生途径，而非试图无理地和恶意地撼动平稳漂浮的船只。换言之，正如波普尔意识到的，断言实在论立场背离了逻辑经验主义及其后继者的理论传统是没有道理的。在深受奎因、库恩和费耶阿本德（对马克思主义及科学的“生态”批判作为一种社会实践没有进行过多说明）影响的哲学背景下，其似乎就有所不同了。

现代实在论在这种情况下以两种相关的方式构成。首先，传统经验主义的感知理论被划分为两部分：只有观察结果是本质上真实的（现象主义）；常识感知和科学观察可以接近事物真实的存在（实在论经验主义）。后一种立场已经被感知的理论（回到康德的争论）和科学活动的理论推翻。其次，科学与科学哲学之间的*友好关系*意味着，17世纪以来在多数哲学中处于支配地位的传统认识论问题，被语言哲学、哲学逻辑等新的哲学进展推到幕后。实在论形而上学刻意使自己与以往实在论所关注的认识论议题保持越来越远的距离。例如，在年轻的威尔弗雷德·塞拉斯（Wilfred Sellars）的《科学、感知与实在》（*Science, Perception and Reality*）中[15]，仍然有几篇较传统的关于认知议题的论文，尽管这个文集的矛头主要指向关于科学的实在论和拒斥“你看到的就是你得到的”这种经验主义立场。有趣的是，塞拉斯对经验主义的拒斥仍然采用了很多认识论术语，尽管人们认为凭借科学才能把握实在对象。

> 感知世界从某种意义上类似于康德所讲的现象的世界。关键的差别在于支撑“表面世界”的实在世界或“本体”世界，并非

> 是关于未知事物*形而上的*世界，而仅仅是科学理论所构建的世界。[16]

拒斥经验主义是一个基本的趋势，它标志着现代实在论区别于以
28 往各种不同的实在论。现代实在论无法再回到纯粹感知的教条；现代实在论不得不将科学的概念活动（它在复杂现象的重述中被表达）融入被认为是理论依赖的概念中。

实在论者认为，需要某些类似于其哲学元理论的东西来理解科学活动，这将有助于科学家们以某种形式明确采取潜在于其工作中的实在论立场，尽管他们也有可能受到某种非实在论哲学的影响，这种非实在论哲学也许会影响他们的实践，也许不会影响他们的实践。法国科学哲学家和科学史家加斯东·巴什拉（Gaston Bachelard）区分了“日行”哲学（科学家*在*其工作*中*所预设）与“夜行”哲学（哲学家在*对*其工作的私人或公共的反思中，其哲学作为回顾的合理性）。换言之，正如在其他社会生活方面，虽然行动者对他们正在做什么具有错误的理论和“意识”，但他们还是能够正确地运行。

尽管支持和反对实在论的论证极其多样，但是在不同程度上，我们将其看作对科学实践之本质的先验论证与对科学知识增长的归纳论证的结合。后者将实在论解释为经验的假设，这一假设被科学进步，尤其是科学知识的*融合*所证实（或至少被支持）。这个论证本质上是将*反*实在论论证倒立过来。反实在论论证认为，由于我们不断改变关于实在之本质的看法，所以我们对实在的指称没有实际成功。在希拉里·普特南（Hilary Putnam）的例子中，如果“世界上没有东西*恰好*符合玻尔-卢瑟福（Bohr-Rutherford）对电子的描述”，我们是不是就会说玻尔没有成功地指称电子？普特南说不是的，因为“存在*大致*符合玻尔描述的粒子”。[17] 玻尔的描述尽管是有缺陷的，但并非像燃素的观念是彻底错误的。然而，我们所有的科学概念都会被证明像燃素概念吗？显然不会，

正是在这种意义上，实在论是一种经验假设。但是，科学知识的融合强烈地表明，它们不会以这种形式被证明是彻底错误的。

对我而言，此类论证虽然听起来足够可信，但是很容易遭受怀疑 29
论的反击。例如，玛丽·海西只愿意承认她所谓的“实用主义标准”：“对经验科学最重要的要求是做出日益成功的预言及工具性控制外部世界。”[18] 海西认为，从这种工具进步（和经验发现的积累）到理论融合的论证是错误的：

> 原子理论的连续性表明的不是融合，而是在连续性与非连续性间、场域概念与粒子概念间，甚至在不同空间类型学之间推断的摇摆不定。[19]

我认为这是一个相当苛刻的科学史观点，但它是对实在论归纳论证质疑的*可能*观点。在本章结尾，我将回过头来阐述此论证对实在论产生多么普遍的影响。

由罗伊·巴斯卡正式提出的先验实在论策略，已经被某些早期科学哲学家们直觉地预料到了。例如，卡尔·波普尔对维也纳立场产生异议：

> 《科学发现的逻辑》（*Logik der Forschung*）是一本实在论著作，但是……当时我不敢对实在论做过多谈论。原因在于，我当时还没有认识到，形而上学立场虽然是不可检验的，但可能是能够理性评判或论证的。我承认过自己是实在论者，但我认为那只不过是对信念的告白。[20]

对波普尔来说，实在论

> 形成了一种给我们探索真理以意义的背景。理性探讨，也就是为了更加接近真理和我们要发现的世界的批判性论证。[21]

作为一种赋予科学以意义、与科学相符或作为科学之延续的哲学实在论出现在很多文章中（通常被描述为“科学实在论”以示这种关
30 联）。[22] 波普尔的观点与鲁本（D. H. Ruben）的观点有相似之处，尽管鲁本对这个论证做出了会让波普尔震惊的庸俗的马克思主义歪曲。根据鲁本的说法，“任何适当的知识理论都必须与科学保持一致”，这是马克思唯物主义（他将之等同于实在论）的优势：“我们的哲学观念是使哲学与科学*相连续*，因此在特征上是*后验的*哲学。”[23] 唯物主义不能被证明是一种*先验的*，如巴斯卡对科学本质的先验论证。事实上，这些争论是没有必要的：“将科学看作直接的，就是把实在对象也看作直接的。”[24]

那么，这种立场处于怎样的地位呢？鲁本认为，唯物主义不是一种无可争议的*后验*立场，因为唯心主义总是作为一种可被使用的选择对象。[25] 但是

> 尽管唯物主义的*后验*辩护是不可能的，但我认为在某种意义上，唯物主义与科学是连续的，唯物主义是一种“*后验的*”哲学，而唯心主义不是。很难精确地具体指出这种连续性在于什么，但它必须最终与方法或前景统一。唯物主义地看世界就是要用和科学家相同的方式看世界。这是一种“日行”哲学。这种哲学要求我们照字面意义接受科学，而不是超出科学试图为我们描述的实在。[26]

接着鲁本以两种关于信念的命题作为结尾：①科学信念；②唯物主义信念。

> （1）……对我们而言，追问是否所有科学及其方法论是可疑的，这是毫无意义的，因为在科学之外，不存在能为我们理解这一问题提供支持的阿基米德支点。科学内部对科学的批判，并不

> 支持对所有科学进行哲学批判的可能性这一观点。[27]
>
> （2）从根本上讲，对唯物主义与唯心主义两者之间的选择，就是两种相互竞争的意识形态之间的选择。这种选择不是以更强的证据或更有力的论证为基础的“认识论的”选择，而是以阶级忠诚为基础的“政治的”选择。[28]

一些读者已经发现结尾的陈述具有攻击性，但它仅仅是把*先验的* 31
知识社会学加到常识的实在论上。考虑到许多实证主义与约定主义的矛盾特点，后者似乎很可能是独立存在的。然而，如果对实在论的论证*是*适当的，那么巴斯卡的观点是具前瞻性的。这正是我下面要阐述的。

巴斯卡追问康德式问题：科学何以可能？他的答案是：实在论本体论是“由科学的社会活动预先假设的”。[29]也就是说，为了使科学成为可能或可以理解，世界必须由实在的事物和结构构成：

> 世界是结构化的和分化的，这个说法可由哲学论证来建立。尽管它包含的具体结构及其分化方式是实质科学研究的问题。[30]

如果我们把自然科学看作（主要）是感官感知和实验活动的结合，那么前者隐含着感知对象的独立存在。如果这个论证证明了经验和事件的独立性，那么对实验的本质进一步论证，就形成了事件序列与因果律之间的区别。只有实验者在实验中制造事件序列，而非试图去识别因果律，实验才是有意义的。由于事物都是在开放系统中发生的，而经验主义者所预设的因果解释的恒常联结，只能是封闭实验的产物：将*被说明对象*与外在影响隔离开。最后，因果律的本质部分在于它存在于多个事件序列中：用巴斯卡的话来说，它是以事物的力量和趋势为基础的超验机制。与经验主义*相反*，规律有以下两个：①不依赖于经验的恒常性（这些对建立规律而言既不必要也不充分）；②不由实例证实或证伪。相反，它们被理解为趋势，趋势与趋势之间相互作用，以至于可观察事件可能发生或可能不发生。

在巴斯卡的著作中，我们可以看到一个明显不同于先前考察的哲
32 学观念。在逻辑实证主义看来，哲学是“科学的”：哲学不断地改变以适应科学特有的观念，反过来，科学不断地改变以适应自己的规范。[31]逻辑实证主义没有也不能提供任何支持实在论的具体论证。对“归纳主义”论证而言，哲学局限于提供一种科学进步的元归纳。对鲁本而言，哲学严格地说是后验的：“在物质世界中不存在不能自圆其说的信念。”[32]

相比之下，对巴斯卡来说，哲学保持着作为科学“小工和临时助产士”的实质角色。然而，这里有一个进一步需要回答的问题：通过巴斯卡的本体论论证，哪种认识论或方法论是必需的？关于这些问题，我们在一般哲学层面上能说什么，还是应该将其留给科学？

首先，我们对巴斯卡所批判的哲学中的本体论与认识论的关系进行考察。早在《科学的实在论理论》中，他区分了以下三种立场[33]：

> （1）*经典经验主义*：“知识的根本对象是原子事件。”
>
> （2）*先验唯心主义*：“科学知识的对象是自然秩序的模型、理念……自然世界成为人类心灵的建构物，或者按其现代形式来说，是科学共同体的建构物。”
>
> （3）*先验实在论*：“它把知识的对象看作能够产生现象的结构和机制；而且，还把知识看作科学社会活动的产物。这些对象既不是现象（经验主义）也不是强加于现象上的人类建构（唯心主义），而是独立于我们的知识和经验而持续存在的真实结构，是允许我们接近它们的条件。”

从先验实在论的观点来看，经典经验主义和先验唯心主义犯了两个相关的错误。他们把本体论还原为认识论，把存在的问题还原为我们关于存在的知识的问题。并且在这样做的过程中，他们也保持着一种关于“经验世界”的本体论。正是在这个意义上，康德称自己是经验实在论者和先验唯心主义者。正如巴斯卡所说，经验实在论对经典 33
经验主义和先验唯心主义来说是同样有效的。一个重要例子体现在他们对因果命题的基础的分析：恒常联结的经验对经典经验主义分析是必要且充分的，对先验唯心主义是必要但不充分的。相比之下，对于先验实在论，它们既不必要也不充分。

巴斯卡继续论述科学发现的观念。在科学发现中

> （1）结果被确定和描述。
>
> （2）假设的机制被预设为：*如果存在将能*说明结果。
>
> （3）证明机制的存在和运行
>
> （a）肯定地，通过实验活动，隔离并（在某些情况下）直接观察机制。
>
> （b）否定地，通过排除其他说明。

举一个常见的实在论案例，病毒最初被假设出来是用来说明某些无法找到细菌的疾病。而随着时间的推移，病毒的存在及其运行方式逐渐开始被证明。其他假设的机制仍然是猜想的：如弗洛伊德的无意识，*如果*存在，*将*对各种明显的无关心理现象做出开创性说明。然而，即便最有可能的说明也不会是最终的说明。不存在“唯一正确的理论”，也不存在描述自然（理查德·罗蒂表述为“自然本身”）的唯一方式。[34] 这是我在本章开始所引用的巴斯卡对事物与描述的另一种区分。他在前面的章节表述了如下含义：

> 无论什么时候我们谈论科学中的事物或事件，我们必须总是

> 在特定的描述下谈论它们和了解它们。这些描述总是或多或少由理论决定，而非对给定世界的中立反映。[35]

这绝不意味着任何理论或说明都是一样的，而只是不存在真理的
34 哲学观念最终决定特殊的说明。哲学必须在科学与日常生活中对追求和忽视真理方式进行考察，哲学试图将真理的语义概念转化为认识论概念，必须被在科学与日常生活中对追求和忽视真理的方式进行考察所取代。我们对理论间的对比进行简单论述就会认为，如果一个理论（在其描述下）能说明另一个理论（在其描述下）所说明的大多事物，而且还能说明另一个理论没有说明的进一步的事物，那么第一个理论就优于第二个理论[36]，那些需要说明的事物正是科学关注的事物。（举一个无关紧要的例子，马克思主义的资本主义理论不能如常人方法论那样，能够说明如何终止电话交谈而不冒犯交谈的对方，这恐怕没人会反对。）

我们对此还需进一步论述，例如，是理论的简单性还是理论的预言能力对理论选择更具有实用性。但是，实在论认为没必要将这些标准看得如其在某些实证主义和约定主义理论中（*不得已而求其次*）那样重要。比如，在实证主义覆盖率理论中，说明和预测是对称的：同一规律支撑两者。但是，普遍规律的可推断性不是一种说明，而仅仅是一种规律性，这种规律性通过证明其生成机制的存在和运行而被说明。即使我们具有相当好的*说明*机制，像在气象学或社会科学中，也会由于这个系统可能太过开放，以至于我们不会比最初预测走得更远。

本书的目的并不是关注科学哲学文献中实在论与反实在论的具体争论。这些与实在论立场相关的争论大多被普特南描述过了。正如我们看到的，这种认识论实在论很容易受到以科学史为基础的怀疑论的攻击。简单地说，它在本体论层面上是软弱的，在认识论层面上是愚

鲁的。相比之下，先验实在论在本体论层面上是勇敢的，在认识论层面上是谨慎的：基本上科学论断必须在开放的科学实践中加以证明。正如波普尔用证伪取代证实所认识到的，科学永远不会给这些论断永久的居住权，而仅仅是为其提供临时的居住证。 35

另一种与先验实在论无关的反实在论，反对“一元真理论”（one true theory），即把对自然现象的解释当作“自然本身”。正如我们所看到的，巴斯卡非常细致地区分了对实在的描述与描述的实在。我认为这种反实在论拒绝谈论任何独立于我们对其描述的实在。但是，无论哲学家多么不满意这些指称，它对理解科学活动来说都是必需的。[37]不可观察实体的个别指称也同样如此。假如我们能够对宇宙的全部事物进行直接地科学观察，对宇宙的全部机制清晰地证明，那将多么美妙，但是事实并非如此。

最后，我们还需探讨实在论的语用学（pragmatics）。即便实在论是正确的，也还是会被质疑，即如果科学家们从约定主义的角度看待科学假设和科学发现，阐述每一种说明都是*好像*……那么科学将会更加灵活地发展。实在论的解释将更加不容易被忽视，并且更有可能阻止与其冲突的大胆推测。我认为这里存在三方面错误。首先，科学中的教条（无论是不是有益的[38]）来自其社会组织，而非其元理论。其次，理论的实在论解释比约定主义解释*更*成问题：

> 科学家只有掌握了本体论领域的概念（不同于科学家当前关于本体论领域的知识），才有可能在哲学上对这些主张理性地进行批判。[39]

最后，科学家们在进行经验研究的实践过程中，很容易在实在论解释与约定主义解释之间反复转换。假如他们的实在论解释不被反实在论哲学教条（或者，就此而言，证实和证伪两种方式）限制，那么他们

36 的行动实际上会更加自由。正是在这种有限意义上，费耶阿本德的“怎么都行”在科学共同体中，可能是一种实用有效的原则。

对上述论证进行总结，我们需要明确，尽管对经验主义、约定主义、实用主义和实在论的划分有些任意，并且这些立场之间的界线是模糊不定的，但先验实在论对这些立场而言是一种潜在的对立，这对理解实在论论述的关键问题是非常重要的。正如我们所看到的，经验主义者、波普尔主义者和实用主义者是不同形式的实在论者，但是他们的实在论，正如施奈德巴赫（H. Schnadelbach）对波普尔的评价，“在方法论上毫无意义”。[40] 基础本体论作为一种经验主义实在论，被“经验世界”的概念所表达，或者，真理假说在理论之间不可通约，无论是否对理论进行一种实在论解释，理论的地位在本质上不变。再次，从经验主义向约定主义和实用主义潜在地运动是很重要的。一旦科学的概念被当作是依赖理论的，那么解决约定主义的唯一办法，就是寻找某种必然性因素，或者在科学观念中寻找，或者在他们意图描述的对象中寻找。前一种策略被所谓的理性主义立场采纳，马丁·霍利斯（Martin Hollis）和德里克·贝勒费尔德（Deryck Beyleveld）清晰而有活力地阐明了这种理性主义立场。[41] 尽管这一立场没有实在论那么流行，而且在我看来也不那么令人满意，但在此还是值得对其进行审视。我希望这也将有助于进一步阐明实在论立场。

我将论证，就理性主义和实在论的现代形式而言，它们拥有一个共同的起点。他们承认理论概念化的重要性（与经验主义相反），但是都坚持需要为这些概念寻找一个理性基础（与实用主义相反）。这通常是依据名义（词汇的或约定的）定义与实在定义的区分来表述的，名义定义（nominal definition）仅仅描述或规定了一种语言用法，而实在定义（real definition）则以强主张来表达某种概念的或自然的必然性。理性主义哲学家马丁·霍利斯指出：

> 我以近期的科学哲学来表明，经验判断预先假设了理论判
> 断，但这并不是要消除科学对真理的需要。尽管在理论术语的选 37
> 择上，唯名论或约定论的策略是十足危险的，但是概念论策略如
> 何避免这一点还不清楚。我主张，概念论只有通过对实在定义的
> 可能性做出传统的主张，才能避免上述危险。[42]

根据实在论与理性主义对实在定义的*不同*主张，可以对它们之间的区别进行表述。理性主义基本上表达了特征的概念必然性，而我们将其必然性地归因于事物。巴斯卡的实在论去除了中介：科学中的实在定义是“在语言中可错性地把握事物真实本质”[43]，如“本质结构、原子构成等，它们构成其自然趋势和因果力的真实基础”。[44]

因此，从实在论的观点来看，理性主义论题是不能没有中介的。理性主义论题是与本体论实在论相容的认识论论题，而实在论是带有认识论影响的本体论论题。对理性主义者来说，本体论实在论不能为我们的知识提供充分的基础，并且它在认识论层面上重新回到了实用主义。此观点本质上是康德在纯粹理性的第四悖论（荒谬的三段论）中提出的。康德将其先验唯心主义定义为：

> 表象是纯粹的表征的存在，而非物自体；时间和空间因此只是我们直觉的可感形式，而不是自在的存在，也不是物自体的条件。与这种唯心主义相对的是一种*先验实在论*，先验实在论将时间和空间视为某种独立于我们的感觉的自在的存在。因此先验实在论把外部表象（它们的实在性被认为是理所当然的）理解为物自体，它独立于我们和我们的感知，而且因此是外在于我们的……事实上，正是先验实在论转变为后来的经验唯心主义。他错误地认为感官对象如果是外在的就一定是独立于感官的自在之物，进而发现所有的感官表征都不足以建立它们的实在性。[45] 38

巴斯卡在实在论回应中指出，康德错误地假设了先验实在论蕴含着一种关于知识的怀疑论。“康德关注于分析个人经验的必要条件，而我关注于分析特定社会活动的必要条件，即科学……科学的*经验实践*使先验本体论成为必要。”[46] 再次，这种本体论没有为我们提供有关何物存在、如何运行的全部细节——而仅仅在于，如果科学是可能的，那么一定存在某种科学研究的不可及对象，它们以特定方式存在并且运行。

理性主义认为，我们只能通过不可及的*理论*来了解这些科学的不可及对象。不可及的理论在这些对象的概念之间建立了必要联系。如果没有中介，事物将是我们无法获得的。理性主义者想要对我们的理论做出较强的主张，而对那些理论的对象做出较弱的主张。实在论只需要科学家而不需要中介，在这点上理性主义想得到进一步的保证。“只有当‘知识’在不可及的意义上被理解时，基于知识的论证，才能建立区别真科学与非真科学的绝对条件。”[47]

那么，这本质上是关于哲学与科学之关系的争论。理性主义者主张不可及知识的可能性，即概念上的必然真理，从而在知识独立于经验的意义上扩大了*先验*知识的作用，因为它为可能的经验提供了条件。贝勒费尔德的批判是非常重要的，因为他清楚地提出了一种解决路径，即认识论可能至少会发展为与实在论本体论相兼容的理论。这样，他指出了实在论认识论的缺陷（尽管我认为它是非常必要的），实在论哲学保持了与科学的连续性，而不是以既不必要又不可取的方式来规定科学。

在此只需考虑以下两个议题：第一，贝勒费尔德对巴斯卡“认知相对主义”原则的批判；第二，他们各自对自然必然性的分析。认知相对主义的表述如下：

39

> 我们知识的普遍相对性，即无论什么时候我们在科学中谈论

> 事物或事件等，我们必须总是在特定的描述下谈论它们和了解它们。这些描述总是受理论决定，而非对给定世界的中立反映……哲学家们渴望一种真理论，为知识提供标准或标志，但并不存在这样的标志，因为对命题真理性的判断必然内在于相关科学。[48]

正如贝勒费尔德所说，他对这些立场的批判是“相当标准的”。[49]他们是没有矛盾规则可言的，并非“*P* 与非 *P*”，这是我们认识任何事物所必需的。假如“真理”和“知识”的标准被看作真理和知识的标准，那么这些标准是不能变化的。这些原则是不可及的和必要的：“思考不可及对象之可能性的必要（认识论）条件。”[50]这样的论证对证明结论（据说是巴斯卡对科学本质的先验论证）是有必要的。

就此而言，我认为实在论可以合理地采用由实用主义者提出的论证，尤其是罗蒂精致的实用主义论证，不需要关于真理的哲学理论。符合论的观点是正确的，即如果命题与事件真相相符，那么命题就是真实的，但是，试图使命题与事态之间的符合观念形式化，是注定要失败的。罗蒂的论证是：

> 对实用主义者来说，作为某种“客观”事物的“真理”观念，下面几点容易混淆：
>
> （Ⅰ）大部分世界就是我们所认为的世界（即我们的信念只有非常有限的因果效力），
>
> （Ⅱ）在所谓的“关于世界的真理”的那个世界以外，还存在着某些事物……
>
> 实用主义者全心全意地赞同（Ⅰ）——不是作为一种信念，而仅仅是作为一种没有任何理由去质疑的信仰——但他们不能理解（Ⅱ），而实在论者试图用下面的（Ⅲ）来解释（Ⅱ）。
>
> （Ⅲ）有关世界的真理在于某些命题（毋庸置疑，这其中很多 40

> 还有待明确论证）与世界本身之间的“符合”关系。实用主义者只能再次借助于这个说法，即几百年来解释“符合”概念的尝试都失败了。[51]

我的回应及我认为典型的实在论回应，将是如下陈述：

（1）“实用主义者”不能理解上述（Ⅱ）是不足为奇的，因为它似乎确实没有任何意义，而且实在论者当然不会承诺任何此类原则。

（2）相比之下，如果我们不是太过看重“符合”的观念，那么罗蒂的（Ⅲ）是没有问题的。非严格意义上说，它似乎来自罗蒂所接受的（Ⅰ），除非有人以罗蒂在真理符合论中正确地批判过的方式，将与实在符合的观念膨胀化。为了避免这种混淆，实在论最好放弃任何对真理符合论的承诺，但它仍保留了科学的规范观念，在很大程度上，除非存在独立于科学描述的现实（Ⅰ），否则科学就是一种毫无意义的活动。

正是由于罗蒂拒斥存在独立于科学描述的现实这一论证，使他成为实用主义者而不是实在论者，但是他对符合观念的批判，并没有危及实在论的科学哲学。科学通常关注的不是绝对和永恒意义上的真理或谬误，而是真理和谬误、充分和不充分、更好的和更差的知识之间的相对程度。说太阳从东边“升起”从西边“落下”无疑是正确的，而且这个说法当然比说太阳从西边升起从东边落下更正确，但是更好的说法是根据地球自转对其进行解释。正如我们所看到的，必须将先验实在论与“庸俗实在论”区分开，那种“庸俗实在论”认为存在一些可以对关于世界的真理进行概述的可能性描述。但这并不是说不存在“事实真相”，正是“事实真相”使我们对真理的追求变得有意义。

通过审视明显矛盾的实在论表述，我们可以对这种观点进行说明，这一矛盾表述认为我们关于世界的所有信念都会被证明是错误的。我认为，答案无疑是肯定的，它们都*可能*会是错误的，甚至由科

41

学的先验分析所形成的本体论原则也可能是错误的。无所不能的魔鬼原则可以制造这样的幻觉，连同其他一切。将其相对化为魔鬼制造的表象，这将赋予人类实践（包括科学实践）新的意义。[52]有趣的问题就是关于魔鬼的因果力问题，尽管并不清楚谁会提出这些问题，反正我不会。这些论述的目的仅仅是为了表明，实在论所主张的并没有如其批判者所断言的那么多或那么少。没有那么多，是因为实在论并不承诺“一元真理论”；没有那么少，是因为认知相对主义不需要被先验主义认知论克服。

无论如何，先验主义能否胜任这一必需的工作尚不清楚，因为其概念必然性，不过是在逻辑的基本规则和科学发现上的再描述。在此我要对实在论与理性主义关于自然必然性的论述进行对比。

据贝勒费尔德的观点，

> 康德的先验主义和先验实在论拥有下面两个观点：①实验的合理性及经验研究通常需要承诺不可及对象；②自然必然性对分析因果概念来说是必要的。
>
> 它们的分歧在于将自然必然性放置于“何处”或“如何”分析自然必然性。[53]

巴斯卡在我们的自然知识中区分了三个层面：①“在*休谟*层面上，确定模式或制造不变性。”②这由对产生作用的事物（x）之本质的阐述来解释。“现在 x 拥有其所拥有的本质（如构成或结构）是偶然的。但是考虑到它有本质，它以自己的方式行为是必然的……这是知识的*洛克*层面。”③“现在在第三层面即莱布尼茨层面上，拥有结构或构成变得被视为对 x 是其所是的那种事物的定义。现在必然的是，如果 x 是其所是的那种事物，那么 x 就拥有其所拥有的那种结构。氢气是一种有特 42
殊原子结构的气体已经不再是偶然的了，更确切地说任何拥有那种结构的东西都是氢气。”[54]

正如贝勒费尔德所表明的，莱布尼茨层面是理性主义的基础，洛克层面是实在论的基础。诉诸一种事物的倾向、力和趋势，对理性主义而言是隐喻意义上的，对实在论而言是字面意义上的。自然必然性对理性主义而言属于认识论范畴，对实在论而言属于本体论范畴。换言之，出于康德哲学的原因，理性主义或先验主义希望避免将自然必然性置于世界中，而将其视为“存在于不可及理论中的独立于人们过去、现在、将来的信念的概念必然性”。[55]但是，如果不将自然必然性置于世界中，又能将自然必然性置于何处？我认为这是对贝勒费尔德哲学的决定性反对。即便他关于“巴斯卡将自然必然性的分析与认知相对主义结合起来，以相对的不一致的立场告终”这一看法是正确的，但他将自然必然性置于理论领域中，甚至（假设*这*一概念可以反过来被辩护）置于必然为真的理论领域中，是不可能正确的。自然必然性的*概念*，就像逻辑必然性的概念，当然是人类的创造物，但是使自然必然性的属性为真或为假的，只能是世界的状态。这种世界的状态独立于偶然出现的会思考的人类。康德主义哲学仍然是致命地以人类为中心的，即使当*人类*被赋予一种先验地位。

一种支持上述观点的方式，是更直接地处理在洛克层面上被定义的自然种类——如动物物种。因果机制是怀疑论哲学的传统对象，但是自然种类具有更加明显的实在性，在此不清楚贝勒费尔德是否想要走一条先验主义路线。

最后，我们应该注意到，即便此类理性主义作为一般的认识论立场不被接受，但它仍然在自然科学和人类科学的理论分析中扮演着重要角色。正如马丁·霍利斯指出：

> 43 有这样一类真理，至少在逻辑学、数学和像亲代数学（kinship algebra）或新古典微观经济理论的形式系统中否定它们是不可能

> 的，在认识论或者微观物理学中也许可能，在伦理学和神学中是有争议的。[56]

换言之，虽然我们拒斥贝勒费尔德的强主张，即所有科学理论，即使正确，也是一种先验的正确，但这仍然在自然科学和社会科学的理论化中持续存在。社会科学中*先验*理论的内容，将在本书后续章节特别讨论。

结束这章的论述，我们可以概括出一些实在论的核心主题及实在论与其他哲学之间的关系。首先，尽管实在论*可能*会从科学知识的增长中得到支持，但它本质上是一种本体论，它强烈地暗示了（即使它不蕴含）[57]一种对人类认知能力的乐观态度。实在论的本体论特征意味着它与新实用主义共同对近期哲学上显著的认识论压力进行批判。它与实用主义进一步的亲和力在于其自然主义的解释方式，这种方式将人类社会实践（包括科学实践）与自然其他部分相适应。在此，它与经验主义者和理性主义者对*个别*认识主体的强调形成鲜明对比。

然而，与实用主义*相反*，实在论坚持本体论的客观性。哲学本体论表明存在着科学的不可及对象和可及对象（事物、结构、机制等），个别科学的本体论告诉我们，在当前知识中那些对象是什么。这与逻辑经验主义和波普尔的批判理性主义相反，它们把实在论看成一种要么是无意义的，要么是无法直接论证的形而上学论题。对实用主义者来说，他们可能出于同样的（实用的）原因而承认这种实在论，或者他们可能将自己局限于对普遍接受的*科学的*本体论暂时且没有疑问的认可。最后，理性主义可能有限地接受实在论本体论，但将此与我们关于其对象知识的具体理论结合起来。

真实、事实和经验领域之间的区别，形成了实在论对经验主义关于因果律之“实际性”教条（即因果存在于事件或事态之间）的批判基础。[58]正如巴斯卡指出的，这个教条是从封闭系统的特殊例子中归 44

纳出来的，因此“阻碍了提出有关条件的问题，在这种条件下，经验在科学中实际是重要的”。[59]通过论证因果机制的实在性，实在论也颠覆了约定主义和实用主义观点——因果律仅仅是想象的及理性主义立场——因果律是想象的，但也是必要的。更一般地讲，实在论赞成科学中经验活动的重要性，但是否认其他立场所依附的“经验实在论”的本体论。通过认识到“认知谬误”，即试图根据我们关于存在的知识来分析存在，仅仅制造出了一种隐含其自身的本体论，在此我们又回到了我们的起点。

关于科学与哲学的关系，实在论采取了一种在反哲学的实用主义哲学与评价科学的理性主义哲学之间的中间立场。经验主义、约定主义和实用主义哲学都自称是*关于*科学的哲学，但是就它们所提供的有用指导纲领而言，经验主义太过约束，而约定主义和实用主义太过宽容。大多时候，它们的主要用途是作为反武器的武器，一种立场可以用来反驳另一种局限性立场。

实在论是否也是如此？我认为它的贡献在很大程度上确实是消极的，科学家除了在特殊领域中不确定其依据，或者将其实践与一些过于细致的哲学范畴相适应之外，自然会想到实在论。然而，这两种情况很好地描述了社会科学特有的状况，在我看来这也表现了一个其他科学领域（另一个也许是微观物理学），在此领域中实在论是非常具有争议的，以至于会引起一些有趣的基本问题。第三章我将论述实在论元理论对当代社会科学的影响。

第三章
实在论与社会科学

第二章概述的方法对社会研究意味着什么？我们可以通过回顾一 45
些已经提过的实在论原则，来解答这个问题。本体论有以下五个主张。

（1）科学的可及对象与不可及对象的区别：概念、模式等与构成自然和社会世界的真实实体、关系等的区别。

（2）现实事物进一步分层为真实、事实和经验三个领域。经验与前两者的关系是偶然的。存在（无论就实体/结构而言，还是就某事件而言）并不是被感知的。

（3）作为趋势的因果关系，以生成机制的相互作用为基础。这些相互作用可能会或可能不会产生那些反过来可能会或可能不会被观察的事件。

（4）除了这三个本体论主张以外，与上述（1）相关，我们拒绝上述经验主义和约定主义。这种认识论的实际表达是实在定义（real definition）。实在定义对实在论和理性主义科学哲学都是非常重要的，它既不是对现存语言用法的总结，也不是对术语特定使用方式的约定。尽管实在定义是用话语表述的，但它们是关于某实体或结构之基本属性的表述。因此，水的实在定义是：其分子由两个氢原子和一个氧原子构成。人们关于水的这个发现被表达为水的定义属性。

46 （5）与上述（3）相关，实在论的说明概念包含对说明机制的预设，并且试图证明其存在。

考虑到这些原则对社会科学所蕴含的意义，我们便清楚了哲学本体论与科学本体论之间的区别。本书概述的这类哲学本体论，不是要告诉我们构成世界的结构、实体和机制实际是什么，因为这是具体科学要做的工作。例如，在社会科学中，实在论元理论本身并不能使我们在"将自己局限于研究个体行为的观念"与"根据更大的社会结构来说明"之间进行选择。

那么，我们可以提出疑问，对社会实在是什么样的解释，会*排除*上面概述的实在论方案。大体来讲，如果是以下两种情况，那么实在论将不再适宜：（a）不存在社会科学不可及对象，不存在有实在定义的对象；（b）不存在能根据生成机制来说明的事物。

我们首先来看（a）。不可及性本质上是指"事物独立于我们的描述而存在和运行"[1]，这里的"我们"指的是一般意义上的人类。似乎已经相当清楚的是，这种原则在人类活动和社会结构中需要被修正，因为在这种情况下，行为者（agents）的观念并不外在于被描述的事实，而是至少构成了那些事实的部分实在。例如，如果不涉及参与者对作为敌对一方情形的看法，争吵就不能被充分地描述。假如他们不以这种方式看待敌对情形，那他们仅仅是在假装争吵。换言之，"争吵"对参与者来说是"观念依赖的"行为，其方式不同于两个星星或两个亚原子粒子相撞击的方式。

然而，社会现象的这种观念依赖性并不排除其不可及性。第一次世界大战或者20世纪50年代后期的中苏决裂，独立于任何我今天对其的描述。反实在论需要的是一种更激进的论证，这种论证否认存在
47 任何关于这些事件的事实。要做出这种论证，似乎最可信的方式，就

是进行如下这样一些表述：①社会情境不独立于那些内部参与者或外部观察者对其解释的方式而存在；②这些解释本质上是任意的。

当然，这种论调与关于自然世界的彻底的约定主义并无本质区别。需要说明的是，它作为一种社会现象的论述，似乎表面上具有较大的可信度。下面是我们对“社会”的三种论断进行的考察：①社会是不可观察的；②社会是理论性的；③任何有关社会的断言彼此都一样好。第一种论断显然必须被接受。因为，虽然我们可以通过观察正在发生的事、提出问题等方式，来研究一个民族共同体或一群人，但是并不存在对一个社会进行观察*这类*事。法国社会的界限不是法国的国家边境线，不只因为法国有领土并能影响到世界其他地方，而且因为“法国社会”是一个理论概念，这里的“理论”指的不仅仅是不可观察的东西。阐明这一点的最佳办法，就是对“社会”这一术语的历史及不同的使用方式（大致上自 18 世纪以来）进行考察。

换言之，要谈论“社会”——人们在同一个或更多地区聚集，并拥有各种物质配置的形式等——就要进入一种特殊的语言游戏中，这种语言游戏只允许某些理论运行而不是其他理论，并特别引入了抽象因素。

现在，经验主义中剩余的真理要素就是，抽象术语或理论术语的使用必须以“低级别”的词汇所不能的方式被合法化。例如，现代的社会概念，必须挤进一些被之前的某种程度上更具体的“国家”术语所占据的概念空间。[2] 对引入“社会”这一概念的早期抵抗很明显是在政治上的，“社会”这个术语，被看作以某种方式与平民阶级相关，并且潜在地对国家构成威胁。在我们的时代，对社会这一概念充满政治敌意，一般采用个体主义的形式：“个体和社会”。但是这种伦理的或政治的个体主义只是一种进路的一个方面，这种进路的最锋利理论工具是“方法论个体主义”的还原论主题。有人宣称，一般地谈 48

论社会或社会整体，仅仅是一种速记或概要性的重述，它必须根据个人行动被根本地描述和解释。正如 J. S. 密尔所描述的，“社会现象的规律仅仅是（并且可以仅仅是）社会国家中联合在一起的人类的行动和感情”。[3]

但是，我们事实上真的可以不需要“社会”这一观念吗？正如我们已经看到的，人们接受单独个体及其行动的本体论，社会结构只是关于它们总结性的、隐喻性的重述。这种本体论的优势在于人们通过他们的身体给出了同一性标准，因为个人的身体明显不同于他人的身体。然而，结果证明这并不能使我们走得太远，因为人类行动是以社会关系网为先决条件的。而且如果这些社会关系是个体行动的先决条件，那么认为那些行动比社会关系更具真实性就变得奇怪了。

当然，真实的情况是，我们不确定如何来描述这些关系，而且我们的描述将是尝试性的、与特定的说明目的相关的，等等。但是，这并不意味着，某些真实的社会关系不是所有人类行动（除最一般的人类行动外）的必要条件。我可以全靠自己挖鼻孔，但是我不能全靠自己兑付支票、写书或宣战。

需要说明的是，为什么社会上大多数人会相信关于 DNA 结构的论断，但会怀疑关于现代英国社会结构的论断，以及为什么他们这么做是正确的。说生物化学是一门“成熟的”科学而社会学不是，这对我们并没有帮助。诉诸测量的准确性也是无关紧要的。问题不是我们在社会科学中不能做出精确的测量，而是我们不确定测量的目的是什么。因为这些有趣的说明结构，甚至其待说明项，似乎都是完全模糊的。

这些论述似乎是对社会科学的约定主义解释。在这个过程中，所有重要术语都被加上了引号，所有的论断前面加上了“所有事情发
49 生，好像……”。[4] 但这对怀疑论者做出了太大的让步。例如，父母的

社会地位倾向于会影响孩子的学习成绩，虽然我们需要对产生这些影响的机制进行调查，但是仍然存在某些与人们合理预期同样真实和普遍的作用。解释过程构成了所有这些术语，以及我们对它们之间关系的假设性说明的基础，这一事实并没有排除对这些理论的实在论解释。相反，正如我在本章后面将要论证的，这表明我们应该认识到，比起自然科学，社会科学与常识思维的联系更加密切。关于社会事件，社会科学并没有提供太多全新的知识，甚至还不如我们更加充分的直觉陈述。

因此，我们发现社会科学不可及对象的问题，本质上是社会科学领域中解释的范围与含义的问题。我已经概述了这些影响，即尽管社会科学的构成部分在更彻底、更深远的意义上，比自然科学理论的构成部分更加偏向“解释”，尽管社会科学中假设的结构倾向于充分的理由以尝试性的方式被表现出来，但是这也不能阻止我们追问关于这些结构的实在论问题。接下来，我将对这一观点进行更仔细的考察，即社会的基本结构，不只被解释，而且仅仅是解释。然而，即便这种激进的解释主义立场可以维持下去，如果没有进一步关于“不存在评判解释的标准”的论证，那么它仍难以向前发展。

在论述这些议题之前，我先来快速处理一下上述（b），即社会世界中是否存在可以根据生成机制以实在论术语来说明的东西。这个问题当然取决于上述（a），因为，如果我们不能具体说明社会科学中待说明的事物，那么寻找说明机制就没多大意义了。依赖于我们对待解释事物的说明，机制的类型想必也会发生变化：如果系统平衡可以与个人选择相同的方式被说明，那将会很奇怪。

正如（a），（b）的最激进形式主张社会科学应主要对个体行动进
行研究。那么，在解释学或理性主义上就可以论证，根据行动者的行 50
为理由对人类行动进行说明，是因为对人类行动的说明不同于因果说

明。这一主张的部分吸引力来自对因果关系的经验主义分析（这种分析依据逻辑上相互独立事件的恒常联结）的明显不适用性。我沏咖啡的理由（为了恢复精力，或为了解渴，或为了停止写作而休息一下等）在逻辑上并不独立于我沏咖啡的行为。即便疲劳并没有导致我喝咖啡，但在直接的物理意义上（在此意义上，它可能会使我趴在手稿上睡着），它作为物质和精神状态的复杂关联中的一部分，对我喝咖啡的理由当然是有影响的。而且实在论的机制也应该延续到所有这些情况。即便有学者，如罗姆·哈瑞那样，想要否定理由是原因，但他仍可主张，如哈瑞和西科德（P. Secord）那样，理由-说明类似于自然科学中的机制-说明。换言之，无论人们如何看待理由/ 原因，实在论解释都会进行综合的说明。[5]

在我看来，一个行动的“真实的理由”最好被理解为，这一理由在产生那个行动上具有因果效力。我认为实在论分析对理性主义者同样有效，因为理性主义者将此“真实的”定义为“理性的强制力”（rationally compelling），而且像马丁·霍利斯那样，他认为“理性行动就是自我说明”。[6]

因此，关于实在论在社会科学中的适用性问题，似乎从本质上就转向了本章提出的第一个问题，即社会科学不可及对象的存在问题。针对这个问题，我将概述如下三个方面：①巴斯卡对自然主义和不可及性的论证；②泰德·本顿（Ted Benton）对巴斯卡的批判，即认为其立场不是充分的自然主义；③罗姆·哈瑞关于社会存在的反自然主义。

首先，我们需要理清在自然主义争论中关键的问题是什么。正如我们在第一章看到的，逻辑实证主义统一科学的论题，基于一种物理主义还原论，强烈主张科学规律或科学语言的统一。相反，当前争论的焦点是关于科学方法论统一较弱的主张。在这种意义上，自然科学的方法能够普遍地适用于社会科学，或如巴斯卡所说，“它可以对科学进行解释，在这种情况下，自然科学和社会科学都能遵从适当的或多 51
少有些特殊的方法”。在此意义上，自然主义“并不否认这些方法存在重要差异，这些方法以主题和科学所遵循的关系的真实差异为基础”。[7] 其认为可以对社会科学知识进行实在论解释。

巴斯卡提问：“社会过程中什么样的性质可能成为我们的知识对象？”[8] 他以本章开头概述的方式主张，“社会不可还原为人”，“社会形式是任何意向行为的必要条件[9]，其*先存性*确立了其作为科学研究之可能对象的*自主性*，而其*因果力*确立了其实在性”。反过来，这又需要一种“社会活动的转变说明”：“社会既是人类能动性始终存在的*条件*（质料因），又是人类能动性不断再生的*结果*。”

> 我认为人们很大程度上在其有意识的活动中，无意识地再生（偶尔也会改变）控制他们生产活动的结构，这控制着他们产生实质性的活动。因此，人们不会为成立一个小家庭去结婚，也不会为了维持资本主义经济而工作。然而，这是其活动的无意识结果（且无可阻止的结果），也是其活动的必要条件。[10]

这反过来需要一种社会科学的关系概念，在此概念中，行为者的实践活动，发生在一些结构（因此也在关系上）确定的情况中。[11] 当这些关系是关系项间定义的一部分，如买主/卖主，他们的关系被称作内在关系；当这些关系是视条件而定（如顾客/交通管理员），那么他们的关系就是外在关系。

这种社会实在的抽象模式，与其他当代关于行动与结构之间关系的说明是非常类似的。[12] 它就构成特定行动而言，显然是与其他各种模式相容的。我们不需要考虑劳工律师的专业知识，就可以知道“大学教师的合同责任与大多数工人的合同责任有很大区别”。有些人强调 52

所有人类行动本质上具有自发性，而有些人强调结构的约束性（当然也许允许狭义上的约束性），在这两者之间产生了一个更有趣、更不确定的争论领域。这存在很强的文本解释趋势，例如，他们认为本书是由一些理论或意识形态的结构，再加上作者的主观构想和其他一些物质条件而自动产生的。

我作为本书的作者，可能不宜处理这种超结构主义的观念。在此需要指出，逻辑上仍需能动性的观念使结构有效。怀疑论质疑社会科学的可能性，它采取相反的策略来质疑社会结构的实在性和有效性。罗姆·哈瑞在其力作《社会存在》（*Social Being*）中，似乎通过将注意力集中于社会心理学的研究对象即行动-结构，以非自然主义对此观点做出回应：

> 各种解释模式以同样的方式适用于自然科学和社会科学，这可能误导性地表明它们有着共同的认识论。当我们对这两类科学中事实与理论的关系进行对比时，就会发现它们的区别。社会科学事实，*就我们经验他们而言*，完全是理论和解释的产物。社会科学的实在论者主张（我也同意他们的观点），存在人们行为的总体模式，正如我所论述的，尽管我们并没有充分的归纳方法来揭示它们。[13]

简而言之，哈瑞的策略就是将潜在结构的本体领域悬置，将其社会心理学研究集中在行为者所感知的结构上。他有力地表明，角色，“不是作为个体遵循其所在集体的关系”而被经验，“而是作为系统心理的和微观社会的规则和约束”而被体验。[14] 我认为，这是正确且重要的，但是对后一角色观点的强调，并不意味着前者在某种程度上，
53 甚至对行为者来说，是不能达到的。整个技术系列，从组织设计到交流分析，目的在于准确地阐明前一观念。实际上，如果社会化意味的

不只是改变行为，那么它只能是此类结构观念的灌输。教孩子不应过分吵闹就是让其知道，环境是由有权利享受平静安宁的他人构成的。我不确定哈瑞是否会对此提出质疑，但他的论述一直针对具有经验主义导向的习性遗传的社会心理学与不可避免思辨的社会学之间的区别。而且这种区别的理论基础仍不清楚。

我认为这表明，我们必须更加密切地审视社会结构与其控制的活动之间的关系。罗伊·巴斯卡提出了三种“自然主义本体论的局限性”：

> （1）与自然结构不同，社会结构不独立存在于其所控制的活动。
>
> （2）与自然结构不同，社会结构不独立存在于行为者对他们正在做什么的观念。
>
> （3）与自然结构不同，社会结构也许只是相对持久的（以至于它们依赖的趋势可能在时空恒定性上并不是普遍的）。[15]

我认为这些限定都是对的，但是它们必须被泰德·本顿批判的方式所限制。[16] 第三条原则是关于限定的相关性，可以灵活对待。正如本顿指出的，这并没有在自然结构与社会结构间划出一条清晰的界线，因为许多自然结构也只是相对持久的。社会科学成为可能，需要的是社会结构必须足够持久，以至于可以且值得对它们进行检验。即使完全赞成“在社会科学中只有共时性研究才是可能的”的支持者，也总是愿意为自己留出时间对其展开研究。如果社会结构存在问题，那肯定不是它们本身的易变性，而是它们总体上的凌乱性和流动性。

巴斯卡的第一条原则似乎需要一些修补，这样它才会被人接受。首先，它必须是反事实化的，以使其包含受结构（如权力结构）控制 54
的*可能性*行动，也许这些是消极的可能性行动，如在威慑时。其次，维持结构的活动并不总是等同于那些受结构控制的活动。交换礼物的结构不独立于送礼物，但它预先假定了对潜在礼物的拥有或获得（无论在那个描述中这些礼物是不是被拥有或获得）。

巴斯卡的第二条原则也需要一些澄清，但即便澄清它，还是进一步指向了自然主义与反自然主义间的核心问题。首先，我们应该注意到，能动性本身需要行动者对其所做事情有*某种*概念，梦游只是行动的少数情况。相反，该概念不必为了使行动成功而是正确的，并且在有些情况下，一种正确的活动概念会使行为变得不可能。我可以故意或无意地误导你，但如果你觉察到我在误导你，那情况就不一样了。更广泛地讲，行动者不需要知道他们在结构中的隐含意义，如在资本主义经济的结构中（尽管结构控制着他们的行动）。其他结构的有效性来自标语的假想力。意识形态是一种有意识信念与无意识信念的混合体，而且这也许是其力量的重要部分。

在此，我们需要对巴斯卡的因果相互依赖性（社会结构与对其表征的相互依赖性）与存在的不可及性（是“研究的先验条件，而且以相同的方式应用于自然领域和社会领域”）的区别进行考察。实在论的社会科学需要这两条规则以反对实证主义，这种实证主义忽视了相互依赖性和“消解不可及性”的解释学理论。[17]然而，解释学正确地将注意力集中于社会科学的重要意义，以及这些意义是需要被理解的，而不只是被记录或测量。这必然增加社会科学中测量和经验检验的实
55 际困难：实验和封闭的实际无效性、社会过程的不可逆转性等。[18]在此我们可以看到，某些影响（如预测的不可能性）不会削弱实证主义社会科学的实在论。

我在本章开头简单提到，所有这些论述的背后是关于社会科学与社会常识的关系的根本问题。不同的社会科学和自然科学理论，以不同方式对其理解[19]，但似乎相当明显的是，社会科学与常识思维更加

密切，无论如何，这种常识思维在社会世界中是更为普遍、更为强大的。在此基础上，我认为我们可以直觉到所有我们关心的社会过程的结构。这些直觉可能正确也可能错误，但它们至少为我们提供了进入主题的*方便之门*。相反，在物理实在中，我们只对非常有限的现象——台球而非粒子，椅子而非分子结构，人和动物而非细菌和病毒等——产生直觉。简而言之，社会科学先于自然科学发展，但是它们并没有不断追求新知识，而是在小圈子里到处徘徊，并用大量时间来重新考察其起点。[20]

对此情形的评价，即社会科学家们的野心太大了，他们还不会走就想跑。可能所有科学都是如此。但我认为，社会科学的不同之处在于，它们真的*不会*步行。对此存在更好的比喻，即自行车很容易以每小时十迈（译者注：1 迈=1 英里≈1.609 千米）的速度前进，但不可能每小时只前进两迈。没完没了地去重复标准检验当然是可能的，但这种重复对接受或拒绝之前得出的结果并无多大影响，这些结果倾向于根据更全面的理论原则被接受或拒绝。

我们必须承认 19 世纪乌托邦主义的理想，即社会科学将会形成“与自然科学同样惊人的洞见和说明力”。[21]社会科学不是没有惊奇的发现，其重要的发现可以说是我们期待的发现，是理解社会实在新方法的定性发现——不过这些方法在某种程度上与常识认知仍是连续的。社会科学似乎必然是尝试性的、理论多元的而且不完整的。 56

另外，对社会现象的常识性描述，可以且必须被当作社会科学理论化的起点。*可以*，是因为常识性描述是这些现象定义的开端，因此有助于理解其他方面令人困惑的对象构成的活动，或用戈德曼（L. Goldmann）的术语来说就是*剪贴*，[22]“考虑到社会实在的混杂本质”。[23]*必须*，是因为无论它们多么不完美，就它们是情境中行为者的理解而言，它们将会影响该情境的本质。这就是托马斯（W. I. Thomas）的著名论断“如果人们将情境定义为实在的，那么它们在其结果上就是实在的”[24]的（部分）真理所在。正如我在前面指出的，其真实程度将取决于给定社会情境的具体特点。

现在我们可以看到，社会结构的概念依赖性和活动依赖性，似乎不是社会理论化的障碍，而是社会理论化的来源。换言之，我们可以追问，给定社会必须是怎样的，以至于人们能够以他们自己的方式在社会中行为且对社会进行理解。（在此，正如巴斯卡指出[25]，这部分类似于对经验活动先验假设的哲学研究，如关于科学实践的。）在第六章我将更加详细地表明，这种理论化过程的绝佳案例就是马克思的《资本论》（*Capital*）。该书既对资本主义生产方式的机制进行了研究，又对常识观念和古典政治经济学的表征进行批判。[26]然而这种研究模式并非马克思（他的哲学倾向于接近先验实在论[27]）所独有的，在新康德主义框架中、在许多经典社会学，如迪尔凯姆和马克斯·韦伯的著作中也可以发现。[28]

现在，我将对社会科学中实在论策略的纲要进行总结，这样就可以为后续章节更细致的论述打好基础。实在定义是以实在论为基础的社会研究的主题。社会科学家将其注意力集中于在日常生活世界和普
57 通语言世界中以特定方式定义的研究对象。（这当然也适用于自然对象，但不同之处就在于，自然对象没有关于它们在下落、碰撞、融化、消亡等时的概念。）社会科学家通常寻求重新描述这种对象，从而发掘其复杂性。在这一过程中，它作为大量相互作用趋势的产物，被它所处的内外环境所决定。

研究对象将至关重要地决定其研究的方法类型。对话分析的常人方法论对我们理解资本主义经济中的利润率没有帮助，价值规律也不能解释一个人如何可以不尴尬地结束电话交谈。历史性分析与对当前特定情境的研究可能相关，也可能不相关。换言之，需要什么来解释

一个可观察的社会现象，这个问题将视情况而定。

社会本体论的问题出现在对社会研究对象进行重新定义的过程中，且先于任何对研究方法的选择。我们正试图描述和说明的是哪类对象？在何种程度上它是人类解释的产物？而且在何种程度上它是由“人类意识所不清楚的深层原因”构成的？[29] 现在，任何人都可以如实在论者那样，就社会本体论中的持久争论做出论证，但我认为它们不是特定的实在论论证。换言之，它们涉及人类社会的本质，而非社会科学理论的本质。

罗姆·哈瑞（他曾为互动论和解释主义社会心理学辩护）和巴斯卡（他曾支持社会科学中更为结构主义和唯物主义的方法）都可以用实在论术语合理地解释他们的主张。他们都自称能够理解社会生活的基本结构和生成机制，他们对社会实在的构成和认识社会实在的方式进行了不同解释。[30] 实在论不会特别倾向于这些方法中的某一种。但它*确实*提供了一个可以理性地比较和讨论这些社会本体论的框架，在此框架中，社会本体论不会像在实证主义和约定主义中，“仅仅”被视为定义性假设而不加理会。 58

实在论科学哲学放弃了许多关于科学理论化的实证主义假设，其中最重要的可能是理论-观察的区别及说明的覆盖律。它们分别被相对“理论的”与相对“观察的”命题的复杂网络观念，以及试图表征生成机制（产生*待说明事物*）的说明观念取代。后一原则的必然结果就是说明不同于预测，严格地讲，只有在系统以自然的或实验的方式被封闭时，预测才有可能。出于社会科学的实践目的，我们可以不提封闭系统，这样我们所做的任何预测必然是尝试性的，而且不会给我们的理论提供决定性的检验。

因此，如果社会科学中理论选择的标准纯粹是说明性的，那么我们如何来评判这些说明？我们应当记住，实在论的说明包含三个基本步骤：假设可能的机制、收集支持或反对其存在的证据、排除可能的选项。因此，我们若想很好地进行说明就要做到以下三点：①假设的机制能够说明现象；②我们有充分的理由相信这种机制的存在；③我们不能想出任何其他同样好的选择。

到目前为止它们普遍有效，但是这个抽象模式在社会科学特有的情境中便失去了效果。这种情境要求我们在一些理论及其关联的机制间做出选择，并且在这种情境下，研究对象是复杂的且由多因素决定的。虽然任何指导方针都必定是模糊的，但我觉得下面这些原则并非完全没有价值。首先，我们不应畏惧理论的抽象性，因为“观察”命题在这个框架中没有特殊的优先权。实体不会不必要地增多，但也不会因为不可观察而被排除。其次，实在论对实在层级的强调应使我们意识到，需要使具体的说明适应更宽泛的情境。这并不是说需要援引
59 社会整体来说明最微观的社会事件，而且说，例如，微观经济理论应该与关于经济系统及再生产的命题相联系，并且一旦微观经济理论超出这一范围就不再适用了。[31]换言之，这可能被看作第三条原则，即此类*先验*观点在对社会理论的评价中起到一定作用。我已经论述了一些社会理论（关于能动性与社会结构的关系）的*先验*条件，尽管在不同情况下它们之间相互关系的精确形式是由经验决定的。

我并不认为有人能够超出这些普遍原则走得更远。根据所有这些标准，两个或多个理论同样好，对理性偏好似乎并没有普遍性基础。简单性是一个明显的备选对象，但是一旦人们放弃约定主义立场（对约定主义立场而言，简单性是相对好的唯一可用标准），那么就不能证明在所有情况下偏好简单性是正确的。然而，除了简单性还有一些重要的观念，即通过使理论更易于被检验，选择控制着科学前进速度最大化。在此，我不想探讨是否在所有情况下，选择相对简单的理论，实际上确实会产生这些有利结果，而只想支持以下原则，即在相关科

学内部，应采纳总体上进一步使理论间的辩论最大化的理论。换言之，在同等的条件下，我们应该采纳开放的理论，而不是还原论理论。还原论只在一个层面进行论证，即使它们承诺要在另一层面上重新展开讨论。

因此，我们的口号就是“让它们一直讨论下去”。可能有人会认为，约定主义元理论会很好地满足这种*迫切愿望*。然而，“讨论”*必然*包括对已有理论的理性批判，并且约定主义倾向于以其“定义性问题”的任意性原则来阻挠理论批判，如果我们对此进行回顾，就会发现情况似乎并非如此。需要再次强调的是，采用实在论元理论最有力的原因，就在于获得对本体论问题进行理性讨论的框架。

这种对话-保留的原则也许进一步与理论选择的原则相关。玛丽·海西和其他人已经表明，在那些情况下，尤其经常出现在社会科 60
学中，两个或更多理论间的选择并没有明确的科学基础，而以一般社会价值为基础的选择也许是合理的。[32] 在这些价值中，认真讨论的最大化被认为具有特别之处，出于哈贝马斯式理由——它可能是对真理和正义中心议题达成一致的条件。

实在论强调理论论证的合理性和重要性，但我们不应该认为其轻视经验研究。我认为它所表明的，如果缺少对经验数据结构化的理论反思，接受完全专注于可经验观察和测量的社会现象的经验主义，那么这种研究不可能得出有用的结果。正如巴斯卡指出：

> 社会科学主题的*概念*限制了测量的可能性……因为意义不能被测量而只能被理解。对意义的假设必须在语言中表达，在对话中确认。在此，语言支持社会科学的概念就像几何学支持物理学那样。意义的精确性将测量中的准确性假设为理论的后验仲裁者。应该强调，在这两种情况下，理论也许可以继续被证明是正

确的并且是可以有效地说明的，即便对现象的*显著*测量已变得不可能。[33]

我认为社会科学的实在论策略，需要以一种细致的方式理解解释学和批判理论的解释概念。我将在后面的章节专门进行这项工作。

第四章
实在论与解释学

我打算将本章和第五章构成一个单元，因为解释学与批判理论的 61
关系极为密切，但也十分复杂。首先，值得注意的是，尤尔根·哈贝马斯发展了批判理论，即将“解释学”这一概念引入英语世界的社会科学中。哈贝马斯关注的核心之一，一直是社会科学的“方法二元论”议题，以及社会科学“充斥着不同方法与目标的对立”。[1]此外，考虑到哈贝马斯的思想背景，他自然会将这些议题，与德国解释学传统及其当代最著名的代表人物汉斯-格奥尔格·伽达默尔联系起来进行讨论。尽管哈贝马斯的理论包含许多思想来源，但最显著的是来自早一辈批判理论家，我们可以将其视为一种不同的“批判解释学”形式。[2]

当然存在非哈贝马斯式的理论，为社会科学的解释学和反自然主义观点进行辩护，但哈贝马斯试图发展一种超越实证主义和解释学的路径。在我看来，这是当代社会理论中最具吸引力的路线之一，并且这也为实在论自然主义方案提出了重要问题。正是哈贝马斯，而非其他人，将*理解的*社会学带出了“犹太区”（被视为诸多路径之一），并揭示了解释学问题需要如何被放在社会理论的起点。吉登斯（Giddens）及其他人已经得出结论，社会理论化的初始条件已经看上去

不同于其在20世纪五六十年代所认识的方式。我承认这仅是当代社会
62 情境中极其局部性的观点，假如我的观点正确，我们由此会发现实在论社会科学哲学的核心问题。

正如我们在第一章所看到的，“解释学”这一术语自18世纪就已被用来指称文本的解释。起初仅限于宗教文献，之后逐渐扩展到经典文献学乃至一般的语言理解。理解反过来被视为人文科学的基础，其中以狄尔泰（1833—1911）最为著名。狄尔泰对自然科学与心灵或精神科学的区分，以及相应的对说明与理解的区分，在德语国家中产生了很大的影响。

甚至还有来自海德格尔《存在与时间》（*Being and Time*）（1927）中更为宽泛的解释学概念，其在20世纪60年代汉斯-格奥尔格·伽达默尔那里变得广为人知。[3] 解释学是普遍的，因为理解是人类参与世界的基本方式。最后，这一概念以衍生的方式被用来指称那些给“理解”以某种特殊地位的社会理论：符号互动论、现象学社会学、常人方法论等。

因此，对一般的（或普遍的）解释学论题与特殊的解释学论题进行区分，也许是很有好处的。一般解释学论题以伽达默尔为代表，强调解释学先于一切科学探究，并作为科学探究的基础；特殊解释学论题（相反或同样）主张一些科学中的特殊解释学维度，如承诺一种*理解的*社会学。

例如，伽达默尔毫无疑问地接受“解释学适用于人文科学”这一特殊解释学论题，但他还是主要关注对一般解释学论题进行论证。

> 理解……显示了人类语言（作为承载一切的无限中介的）的普遍性，不仅是文化，而是几乎所有一切，都通过语言传承下去，因为一切都可以被包含在我们相互作用的可理解性的范围内。[4]

他对科学的看法，广义上与胡塞尔（E. Husserl）《欧洲科学的危机》（*Crisis of the European Sciences*）及海德格尔《存在与时间》中的观点一致。[5]这构成其另一篇论文《解释学问题的普遍性》（*The* 63
Universality of the Hermeneutic Problem）的起点。

> 现代的核心问题是，我们对世界的自然认识——我们关于世界的经验，即我们日常生活中的实践经验——是如何与我们在科学声明中遭遇的不容置疑和普遍的权威相联系的。[6]

正如胡塞尔的先验现象学，解释学反思被期望去调和科学与生活世界，尤其是调和它们各自的语言。"它根源于对世界的语言经验，这是希腊科学的独特优点，但同时也是其独特缺点。为了克服这种天真的人类中心主义的缺点，现代科学同时摈弃了它的优点，即它在人对世界的自然态度上的作用"。[7]因此，解释学反思在特殊科学与生活世界间建立了一座桥梁，使科学预设、其抽象形式，以及尤其是*方法*的指导观念更加清楚。伽达默尔用维特根斯坦式术语指出："科学的语言游戏仍与出现在母语中的元语言有关。"[8]

我认为这些必须被接受。尽管伽达默尔关于世界的自然态度是模糊的，但他还是开辟了一个重要的研究领域：关于世界图像，自然秩序的观念等。[9]但是社会科学和人文科学怎么样呢？有趣的是，伽达默尔并没有将社会科学归入人文科学或*精神科学*：语言学、文学批判、美学、文化历史学等。相反，他对自然科学与*精神科学*做了一个非常传统的区分[10]，然后将社会科学置于两者之间。上述引文仍然继续论证，科学与我们的自然经验的分离和异化。

> 对自然科学而言并不重要。真正的自然科学家知道，他的科学知识领域如何具体地与实在的整体相关联……所谓的人文学科，在其完全达到的范围内，仍很容易与共同意识相关联，因为 64

> 他们的对象直接属于文化传统和传统教育系统。但当代社会科学与其对象处于一种特别的紧张关系中，这种关系尤其需要解释学反思。这是由于系统性异化（社会科学将其进步归因于此）在此关乎人文-社会世界。[11]

就其理清与哈贝马斯更具体的分歧而言，伽达默尔对社会科学的看法[12]，即它们确实应该意识到应用于*理解的精神科学*的“解释学条件”，以及其对社会科学实践所隐含的意义。他指出（有些时候？）社会科学的目的不是理解，而是“将语言的自明之理融入获得社会的真实结构的过程中”。即便社会科学的目的在于理解，但*作为*科学，它致力于理解的系统性异化形式，所以这需要进一步的解释学反思。[13]

那么支配*精神科学*与社会科学的解释学条件是什么？伽达默尔的哲学解释学关注我们在面对并参与一种文化传统（这种文化传统先于任何系统的解释学探究）时起作用的那种理解。这一理解（coming-to-understanding）的过程，并不是对于诸如文本之类的对象无偏见的挪用（unprejudiced appropriation），而是某人自身意义和期望（“偏见”）的“视域”与文本的、他人的、不同文化的“视域”的“融合”。

伽达默尔在此并非提供一种不同的理解方法论，也不是费耶阿本德意义上的“反对方法”。相反，他关注一些先于解释方法，并作为解释方法基础的过程。

> 因此，在此论述的解释学，并不是一种人文科学的方法论，而是理解人文科学在其方法论的自我意识之外实际是怎样的，以及是什么将其与我们对世界的全部经验联系起来。[14]

65 这是否意味着伽达默尔的哲学解释学从实践解释学中分离出来？伽达默尔倾向于肯定的回答，但是，显然他对所谓的客观主义的批判，威胁着任何企图一劳永逸地掌握文本确切意义的解释学观念。这样，它同时也消除了来自社会科学的类似客观主义的基础。

这似乎表明社会科学的实在论辩护，应该立足于其文本解释的议题。正如我们所看到的，伽达默尔的解释学与施莱尔马赫（F. Schleiermacher）、狄尔泰及其后继者存在相当大地背离。他的主要著作《真理与方法》（*Truth and Method*），恰恰在于批判主流传统及其理解的“方法论”。[15] 因此，一种支持社会科学实在论的方式，可能就是回到更客观主义的解释学。这一方式已经由埃米利奥·贝蒂（Emilio Betti）、赫希（E. D. Hirsch）、厄佛曼（U. Oevermann）和桑特库勒（H. J. Sandkuhler）以不同的方式表现出来。[16]

这样做将会失去伽达默尔最重要的核心概念——遭遇和参与——的力量。考虑到这两个概念与社会意识形态及政治意识形态的关系相当密切，所以它们对社会科学来说确实是相当重要的。因此，不是以解释学中的其他学者对解释的客观性进行辩护的方式来详细分析，出于论证的目的，我假设伽达默尔对所有解释和理解的“底线”给出了某种程度的充分说明。

这一观点对人文科学和社会科学意味着什么？我们可以从《真理与方法》的字里行间中找到答案：

> 我们显然不能在适于自然科学（其研究越来越深入自然）的意义上谈论人文科学的研究对象。相反，在人文科学中，传统的兴趣是由现实及其兴趣以特殊的方式被激发的。研究的主题和领域实际上是由研究动机构成的。因此，历史研究以生活本身所立足的历史活动为基础，且不能根据研究对象被目的论地理解。这 66
> 种对象显然是不存在的，这恰恰是人文科学与自然科学的区别。尽管自然科学的对象可以被理想地描述为，在完善的自然知识中可被掌握，但说历史知识是完善的却是毫无意义的，因此，我们不可能言说，一种研究直接指向其对象自身。[17]

在此存在许多问题。首先，我们需要格外关注伽达默尔关于自然的穿透力与现实导向（present-oriented）的“传统兴趣”之间的对比。除非将其描述为连续统一体的两极，即“对给定实在领域进行细致探究的科学或研究主题”，与“根据当前关注对部分确定实在的再解释”，否则就很难对其进行理解。后一种描述方式适于环境科学及社会科学。

在对人文科学进行对比的过程中，伽达默尔似乎展现出一种过度客观主义的自然科学图景，这几乎没有为解释学的普遍性留下足够空间。换言之，他似乎是在援引罗蒂所批判的概念，即存在某种描述自然（“自然本身”）的方式。但是，谈论一种完善的自然知识这一“理想”，确实是没有意义的，正如我前面所论述的，实在论并不承诺此类观念。它承诺事物独立存在于我们对它们的描述，但这也同样适用于某些历史研究对象。在我看来，说任何历史事件“本身”并不存在，这显然是错误的。在此我们需要的是一种更为细致的论证形式，以此形式，历史研究的现实导向意味着，那些最有趣的问题确实涉及解释历史事件的不同可能性。这*确实*限制了历史科学和社会科学的“穿透力”，且表明了吉登斯所谓的“社会科学的过于简单的启示模式”[18]——社会科学在研究人类社会生活时，将形成与自然科学同样惊人的洞见和说明力[19]——的局限性。

67 这即是伽达默尔和哈贝马斯以一种相当不同的方式所提问题的关键：解释学问题以更强、更直接的方式影响着历史-社会科学。正如伽达默尔和哈贝马斯所认为的，这是否包含着反自然主义的结论，仍然是不清楚的。这两位学者倾向于根据我们对社会现象*旨趣*的本质建立他们的论证。这就是在上述引文中占主导地位的主题，正如我们在第五章将会看到的，这一主题在哈贝马斯区分的三种认知兴趣——控制、交往和解放中，得到进一步发展。伽达默尔通常将重点放在作为理解核心的文化*传统*上，而哈贝马斯倾向于直接诉诸交往和交往行为的概念。

但是，从实在论的角度讲，诉诸旨趣仅仅是反自然主义论证的中间阶段，因为替代描述的旨趣相关性，与实在论“实在由独立存在于这些描述的不可及对象构成”的假设并不冲突。本质的反自然主义论证否认这种对象的实在性。伽达默尔在上述引文中，基于自然科学与历史科学的夸张对比，以一种简单且牵强的方式坚持这种立场。

正是在这一点上，伽达默尔的一般论题深入一些特殊论题中，即关于解释学在社会科学中的地位。这些论题后来被社会理论家（尤其是哈贝马斯和吉登斯）及哲学家［如保罗·利科（Paul Ricoeur）和查尔斯·泰勒（Charles Taylor）］进一步深化。本章接下来将对此进行论述，而哈贝马斯的批判理论在第五章将会被更加系统地论述。

社会科学中早期的解释学思想，主要集中在意义概念上。马克斯·韦伯对此进行了经典表述，“所有人类行动和人类表达都可以根据意义（就此而言，其他对象只在形而上学层面上类似）解释”。[20] 韦伯试图将这种解释的观念纳入其对社会科学说明的解释中，从而为狄尔泰及其他深陷“说明”与“理解”鸿沟的学者搭建一座桥梁。在此我就不再展开论述了。在这种情况下，理解在更宽泛的解释学观念方面（如伽达默尔的解释学），保留着主客二分及解释方法的客观主义观 68
念。因此，它忽略了交往中存在遭遇的因素，而交往先于任何系统的社会理论。正如吉登斯在《社会学方法的新规则》（*New Rules of Socilogical Method*）中指出的，“*理解*必须被当作人类社会（由其成员生产和再生产）的本体论条件，而不能被当作社会科学把握社会世界的特有方法”。[21]这一海德格尔视角与一些社会理论的主要形式结合起来。首先，最普遍的是符号互动论，它强调行动者对情境的定义。其次，与韦伯*相反*，阿尔弗雷德·许茨（Alfred Schutz）坚持典型化是

"生活世界"中的行动者及社会科学家都在进行的过程，社会科学家的材料"构成了社会积极参与者的意义"。[22] 最后，彼得·温奇发展了维特根斯坦关于生活中语言游戏的观念。

这些*理解的*社会学经常被轻率地描述为解释学，并且它们乍一看似乎确实符合社会世界的解释学导向的要求。然而，它们容易受到具有广泛基础的解释学的批判，即从本质上讲，其意义观念太受限制，且未能公平对待社会理论的解释基础。

对这些理论在方法论上理解和表现自身的方式，与其理论的最终影响进行区分是非常重要的。符号互动论者和许茨（至少在他移民之后）针对在美国占主导地位的实证主义传统，形成了反文化的思想，而且他们不可避免地采取了一些有此背景的元理论假设。正如后来的许多互动论学者那样，布鲁默仍然在多种方式上，被"经验科学"的实证主义观念束缚。[23] 许茨是经济学——"在概念框架上已取得高度统一的社会科学"[24] 及塔尔科特·帕森斯（Talcott Parsons）的系统理论的狂热崇拜者。[25] 因此，他在强"充分性假设"[26] 与更弱的主张——"系统理论不应完全脱离生活世界"之间摇摆不定：

> 69 在经济学中，正如在所有其他社会科学中那样，我们总是能够——并且出于某种目的必须——回到社会世界的主体活动中去：回到他们的目的、动机、选择和偏好中去。[27]

他将自己的工作作为沟通帕森斯理论与真实世界的桥梁，呈现于帕森斯。不幸的是，帕森斯并不认为需要什么桥梁。常人方法论似乎也被指向两个不同的方向。第一个方向是关于社会结构的极端唯名论和现象论[28]，它经常会最大限度地被推到完全相对主义的立场，即所有理论都是一样好的。第二个方向是关于言语语用学基本的经验主义研究，无论其在语言学中有何优点，它都与社会理论不再有太多关联。

言语语用学经验主义研究这个例子表明理论与元理论之间常见的联系：在此影响的方向似乎在于，对正统社会理论假设的元理论怀疑论，导致会话的记录和转录具有可靠的稳定性。就我而言，在*理解的*社会学中，对理论的关注似乎比对元理论的关注更重要。理解社会学受到解释学反对的，不是其自我理解，而是对理解概念的限制。所有这些方法很大程度上都将自己局限于研究实际地或想象地出现在行动者头脑中的“主观意义”，这是以牺牲意义更为普遍的潜在结构为代价的，而这种潜在结构在解释学看来是同样重要的。

例如，符号互动论，正如其名称所暗示的，其理论焦点在于互动。社会生活的结构，以社会心理的方式被还原为社会化、角色扮演及相关现象。[29] 相反，现象学的焦点在于认知现象、不同典型化之间的关系，以至于其变成了一种类似于知识社会学的过程，伯杰（P. Berger）和卢克曼（T. Luckmann）的《实在的社会建构》（*Social Construction of Reality*）[30] 就对此进行了明确地表述。维特根斯坦和温奇的方法更加尖锐地揭露了此处产生的问题：语言游戏及其相关的世界观不是任意的。在此重复伽达默尔的隐喻，即解释学的过程不是以 70
研究对象取代解释者的“视域”，而是一个将两个视域相融合的对话过程。正如哈贝马斯在一本早期的著作中指出的：

> 温奇似乎考虑到狄尔泰的语言学。根据其游弋的立场，语言分析者可以潜入并再造任何语言游戏的语法，而无需被控制语言分析的语言游戏的教条束缚。[31]

*理解的*社会学的解释学批判，必须扩大意义的观念，并承认各种意义框架之间冲突的互动或“对话”维度。换言之，解释学对局限于主观意义的和排他性主客二分的科学观念进行批判。正如吉登斯在《社会学方法的新规则》（*New Rules of Sociological Method*）结尾所写

到的：

> 科学中的范式或不同的理论架构的调解是一个解释学问题（如同在其他意义框架之间的联系中包含的那样）。但是，不同于自然科学，社会学处理前理解的世界。在前理解的世界中，意义结构的创造和再生是其试图去分析人类社会行为的条件：这就是为什么社会科学中存在双重解释学……进行观察的社会科学家必须能够首先把握那些常识概念，也就是解释学地理解生活形式（其特征是他想要分析或解释的）。[32]

这当然没必要涉及字面意义上的对话，重点是存在一种实质的对话。在此对话中，参与者的观念与观察者的观念发生相互作用。即便解释者无法彻底拒绝行动者完全错误的观点，但行动者有那种看法，与解释者能准确地描述它，这两者仍是相关的。当然大多数时候，社会科学（如同其他科学）似乎是对常识观念的批判，但认识到常识也
71 是由社会实在（由社会成员生产和再生产）构成是非常重要的。这是吉登斯区别"实践意识——行动者进行社会活动所使用的隐形知识，与'话语意识'——行动者能够在话语水平上表达的知识"的基础。[33]

在此，吉登斯采用了，但也修正了常人方法论原则，即社会成员不应被视为"文化傀儡"，而应被视为有知识和技能的行动者，并且这些行动者将社会作为一项实践事业来"完成"。然而，常人方法论将实践意识与话语意识混为一谈，并经常认为它们可以免于社会学批判，吉登斯却坚持以下区别：

> 社会行动者在社会系统生产和再生产中所用知识的逻辑地位……必须从两个层面考虑。在方法论层面上，我所说的"相互知识"，作为产生对社会生活"有效"描述的媒介，是社会分析者必然依靠的不可更改的资源。正如维特根斯坦表明的，理解生活

> 形式，就要能够在原则上参与到生活中去。但对社会行动的描述或特征化的有效性，是一个与作为信念主张（由社会行为者的话语构成）的“知识”的有效性不同的议题。[34]

到目前为止，我已经对社会理论的解释学方法的可接受性，以及各种形式的*理解*的社会学的批判进行了论证。在本章接下来的部分，我将指出解释学的一些局限性，为在后续章节中论述社会理论超越它的方式做好准备。我要事先强调，这些批判是社会理论的问题，而不是哲学元理论的问题。换言之，它们并非专门是实在论论证。另外，我对现有*理解的*社会学和解释学元理论的批判，可以为社会科学的自然主义立场提供进一步的支持。

这一论述本质的出发点又是批判的观念。我将表明，虽然将解释 72
学*本身*作为缺少批判性的批判性理论加以拒斥是错误的，但它在处理哈贝马斯系统扭曲的交往上确实存在着问题，这就将我们指向了解释学之外的更加结构主义和唯物主义的社会理论——他们自身当然是以解释学为基础的。

“解释学理论缺少批判性”这种印象如何产生是显而易见的。在其与神学护教学和美学的结合中，它被传统地认为是用来（甚至在最没有希望的地方）发现意义、真理和美。正如保罗·利科在《弗洛伊德和哲学》（*Freud and Philosophy*）开头指出的，解释学在“回忆意义”与“进行怀疑”间两极分化：

> 一方面，解释学被理解为以信息、公告或有时称作传福音的方式，对传达给我的意义的表现和恢复；另一方面，解释学被理解为一种去神秘化，一种对幻想的还原。[35]

伽达默尔的解释学显然倾向于前一种极端，这最明显地体现在他反对哈贝马斯所强调的解放时：

> 作为将人们从传统中解放出来的社会学方法的目的，从一开始就远离了解释学问题研究的目的和起点。传统的解释学问题研究的可贵之处就在于，建设通往和恢复过去最美好东西的桥梁。[36]

伽达默尔继续反对哈贝马斯从启蒙运动借鉴的对权威的批判[37]，他总结道：

> 所有这些观察导致不可避免的后果：基本的解放意识必须考虑到所有权威、所有服从的消解。这就意味着，在潜意识里，反映在社会科学中的解放的最终指导图景，一定是一个无政府主义的乌托邦。然而，在我看来，这种图景反映了一种解释学的错误意识。[38]

73 然而，这样的论述更多是伽达默尔的个人保守主义，而不是其哲学解释学的内在本质。正如利科在论述伽达默尔与哈贝马斯的对话时所表明的，哈贝马斯对意识形态的批判，尽管与解释学反思不同——不能混为一谈——但也不是与之根本矛盾的。[39] 利科在文章中预见性地介绍了哈贝马斯积极方案的最新形式，我将在第五章对其进行详细论述。在此，我主要揭示它在哈贝马斯关于解释学之普遍性的批判中的根源或至少一种重要来源。正如哈贝马斯指出："解释学意识如果不对解释学理解的局限性进行反思，那它就是不完整的。"[40] 哈贝马斯总结道：

> 在哲学解释学与科学及对科学结果的解释的关联中，包括四个方面：①解释学意识破坏了传统*精神科学*的客观主义的自我理解。它从正在解释的科学家的解释学境遇中推出，理解中的客观性不能由先入之见的抽象来保证，而只能通过反映联结感知主体与其对象之效果历史的语境来保证。②解释学意识强调由社会科

学研究对象之符号化的先在结构所引起的问题。如果获得数据不再通过控制观察来调节，而是通过日常语言沟通来调节的话，那么理论概念就不能再在前科学地发展出的物理测量语言游戏框架内运行……③解释学意识也影响自然科学进行科学的自我理解……决定的合法性依赖于科学家共同体的讨论，它指导研究策略选择、理论构建和检验方法，以及决定着“科学进步”……哲学解释学可以表明理由为什么可能成为一个合理的动机，但却无法在此理论水平上达成绝对共识。④最后，解释学意识……强调 74
将重要的科学信息转化为社会生活世界的语言。[41]

那么，哈贝马斯是如何论证“解释学理解之局限性”的？他基本上做出了两种相关的反对：首先是一般地反对解释学的“*语言唯心主义*”（*Idealismus der Sprachlichkeit*）[42]；其次是具体地主张解释学无法处理“系统扭曲的交往”。哈贝马斯在《社会科学的逻辑》（*Zur Logic der Sozialwissenschaften*）关于伽达默尔的论述中，已经对这种一般的批判进行了概述。像伽达默尔那样，对由符号意义构成的传统语境进行考虑，还是不够充分的：

将语言解释为一种所有社会制度都依赖的元制度是很有意义的，因为社会行动只在日常语言的交流中形成。但是，这种作为传统的语言元制度，显然依赖的不仅仅是规范性关系的社会过程。语言*也是*一种统治和社会力量的中介……当遭遇符号结构依赖于现实情境时，解释学经验就变成了对意识形态的批判。[43]

伽达默尔反对这一论证，他重复着口号“可被理解的存在是语言”。

这并不意味着意义世界被缩小到知识之附属对象的地位，或仅仅作为根本上决定社会生活的经济实在和政治实在的补充。相

> 反，它意味着反映一切之所是的语言之镜。[44]

这看起来像两个互不让步的范式之间的冲突。因此，哈贝马斯在《普遍性》（*Universality*）一文中将精力集中于更加具体的论证，而这种论证是其在《社会科学的逻辑》中已经预示了的。[45]“系统扭曲的交
75 往”这一术语指的是精神分析想要解读的操纵过程：梦、合理化的行为怪癖、替代行为等。在精神分析中，

> 这些表现形式可以被视为系统扭曲的交往的一部分。只有在知道日常交往之病理学的一般条件的意义上，它们才是可理解的。因此关于日常交往的理论，将不得不打通一条被病理学阻塞的意义语境的道路。[46]

换言之，正如他在《社会科学的逻辑》中指出的：

> 语言分析将受约束的解释描述为无意识动机，超越了主观目的意义维度和文化传统维度。[47]

这些思考以两种方式相互联系。首先，这种伪交往也许并不局限于个体的精神病理学，而可能作为意识形态的扭曲存在于社会系统中。在这种情况下，就需要一种类似于系统的且不只是解释学的分析。[48]其次，这种理解表明，我们需要某些不只是解释学的东西来解释其可能性：我们需要一种“*交往能力的理论*”。[49]

正如我们将在第五章看到的，哈贝马斯在20世纪60年代致力于精神分析与意识形态批判间的类比，以及树立受解放兴趣所支配且使用理解和因果分析混合方法的批判科学的地位。在过去的十年中，他的重点已经转向第二个主题，发展了一种关于交往能力的理论，这已逐步扩大到更普遍的交往行为理论。在此，他返回到（及建立在）他对解释学唯心主义的总体批判上。在我看来这似乎是更为基本的。解

释学理论的问题不仅仅是交流可能会被无关的因果性影响系统地扭曲[50]，还在于语言交往至少是更普遍的社会进程的一部分，而这种社会进程不应只被还原为交往本身。关于解释学之普遍性的论题再次犯了认知谬误：根据解释过程是社会世界中的重要组成部分，而我们能 76
够理解社会世界必然是通过我们对这些解释过程的理解（吉登斯所谓的双重解释学），并不能推出此即所有存在或对存在所能知道的。社会结构的生产和再生产，在一定程度上是行动者对其进行解释的问题，但也是迪尔凯姆所谓的“意识所不清楚的较为深层的原因”的问题。

第五章 实在论与批判理论

77 被称为法兰克福学派的“批判理论”已经被充分地论述过了，所以在此没有必要为其提供另一种历史概观。[1]我将几乎全部关注于尤尔根·哈贝马斯的思想，并将追溯早一代的批判理论家，为将哈贝马斯和巴斯卡放在一起讨论做铺垫。

在第四章结尾，我介绍了哈贝马斯以系统性批判过程补充解释学的方法论要求，对此我比较赞同。解放导向，不仅是哈贝马斯工作中的永恒主题，也是对批判理论本质特征的表述。批判理论家采用了马克思早期的观点，即无产阶级在其跨学科的马克思主义社会科学研究进程中与哲学相结合。正如霍克海默（M. Horkheimer）在两篇早期的文章中所指出的：

> 批判理论……不仅是一种研究假设，它表明其在人类活动中的价值，还是一种历史努力的基本要素，这种历史努力创造能满足人类需要和力量的世界。然而无论批判理论与具体科学（其进步是批判理论必须尊重的，并且几十年来产生了解放和促进的影响）之间的相互作用有多广泛，批判理论绝非仅仅旨在增加这些知识，其目的在于将人类从奴役中解放出来。[2]

> 理论的价值不仅仅取决于真理的形式标准，更多地取决于其与某一特定历史时期由进步社会力量承担任务的关系。[3] 78

众所周知，批判理论家越来越对这些“进步社会力量”的效力甚至其存在感到悲观。人们通常不会注意到，在他们流亡美国即将结束之际，与其撤离相伴的从社会科学到哲学的进程。霍克海默和阿多诺（T. W. Adorno）已经逐渐意识到，社会科学不仅仅是“非批判的”，而且是工具理性的具体化，是“启蒙时代不知疲倦的自我否定”的典范。[4]正如哈贝马斯指出[5]，这使人们思考为何他们会重建*社会*研究机构，但这也有助于解释阿多诺批判经验社会研究和其余“实证主义争论”背后的激情。[6]

相反，哈贝马斯一直根据社会科学的元批判，而非回到意识哲学中，来发展他的批判理论。他在《知识与人类旨趣》（*Knowledge and Human Interests*）序言中宣称，“对知识的根本性批判，只有作为社会理论才是可能的”。[7]此外，他对社会工程和政治操纵之专家统治论的反对，推动了他对科学中的实证主义的批判，这可以在其第一本著作《公共领域的结构转型》（*Strukturwandel der Öffentlichkeit*）（1962 年）中看到。在该书中，公共领域的衰退被反映在公众舆论概念的“社会-心理的消解”中：公众舆论不再是一项公众评判国事的重要例证，相反，它仅仅变成了被测量和被操纵的赞成或反对的数量。[8]在 20 世纪 60 年代哈贝马斯著作的标题中，就可以看到他对此持续关注：《作为意识形态的技术与科学》（*Technology and Science as Ideology*），《科学文明世界中的理论与实践》（*Theory and Practice in a Scientised Civilisation*），《政治科学与公众舆论》（*The Scientisation of Politics and Public Opinion*），《社会理论还是社会技术理论？》（*Theory of Society of Social Technology*）。

本章主要关注哈贝马斯对社会科学中的实证主义的批判是否蕴含

着一种反自然主义立场。在这一科学哲学问题背后，还存在进一步的一般哲学问题：哈贝马斯似乎已经接受的这种先验主义立场，是否如诺曼·斯托克曼（Norman Stockman）相信的，必然是反实在论的，或
79 如德里克·贝勒费尔德认为的，是与实在论兼容的。那么，第一个问题是关于实在论自然主义的；第二个问题*简言之*是关于实在论的。因此，有必要先对后一个问题进行论述。

哈贝马斯在《知识与人类旨趣》（*Knowledge and Human Interests*）中提出了科学的元理论，他曾在1965年的法兰克福就职演说中对其进行了概述。[9] 他认为该书是“以分析知识与旨趣的关系的系统目标，历史地重构现代实证主义的背景”。[10] 之所以说是历史地导向，一方面是由于实证主义哲学，另一方面是由于从康德到黑格尔和马克思的过渡，抑制了知识理论，而只留下了科学哲学或方法论。其结果是哈贝马斯（继胡塞尔之后）所谓的“客观主义”：

> 一旦使认识论与方法论处于平等的地位，它就忽略了可能性经验对象的构成。同样地，形式科学脱离了先验反思，变得无视符号组合规则的来源。以康德式术语来说，两者都忽略了认知主体的综合能力……客观主义以事实的自在世界图景（这些事实是以类律则的方式构成的）蒙蔽科学，因此它掩盖了这些事实的*先验*构成。客观主义不再能通过纯粹的认识论立场，而只能通过超越自身界限的方法论被有效克服。[11]

哈贝马斯认为实证主义拒绝或放弃这一反思过程。[12] 在此意义上，实在论表现为不同的实证主义。正如斯托克曼（N. Stockman）所言：

> 从批判理论的立场来看，形而上学实在论的问题在于，它是一个前批判的哲学立场。由于它试图将一个独立的实在概念化，而不产生综合活动中的“实在”构成的问题。[13]

> 换言之，科学实在论和批判理性主义都没认识到，把“独立实在”归于知识客体（用康德的话来说）不是扩大客体的概念，而是“表述概念与知识能力的关系”。[14] 80

从先验认识论的观点看，斯托克曼正确认识到实在论不过是一种教条，或最多是一种科学*方法论*的规范原则。尽管其并非毫无意义，但由于它是逻辑实证主义最有力的阐述，我们也许只能相信它是真的，而不能知道它是真的。相信我们能知道，就犯了贝勒费尔德所说的“本体谬误”（ontic fallacy），即将关于存在的知识还原为存在。尽管哈贝马斯自己很少谈及实在论，但他接受反实在论的结论：

> 归根到底，*任何*先验的路径，都排除了存在某种科学实在论所预设的实在的真实性。[15]

在此，关键的问题似乎又是第二章中讨论过的，与贝勒费尔德立场相关的问题。事实上，我们根本不清楚这是否也*是*与哈贝马斯的相关问题，因为他从未采用纯粹先验主义的方法，并且他逐步使自己远离先验哲学的“基础主义”。在《交往行为理论》（*Theory of Communicative Action*）的序言和结尾部分，他把这一观点讲得很清楚，即批判理论一直怀疑哲学的“系统”主张，他赞同（在脚注中引用了罗蒂）实用主义和解释学对“任何基础主义”的反对。[16] 他承认《知识与人类旨趣》试图通过*知识理论*的方式，为批判的社会理论建立基础。虽然这并非误入歧途，但这确实是一条迂回的道路。[17]

哈贝马斯在《知识与人类旨趣》中试图表明什么？通过对此书更加仔细地研究，我们可以发现其“准先验方法”与反自然主义主张之间的相互联系。在上述《知识与人类旨趣》的引文中[18]，哈贝马斯声称，客观主义不再能通过纯粹的认识论立场，而只能通过超越自身界限的方法论被有效克服。

81 此“方法论”区分了以下三种科学，它们分别基于某一个特定知识旨趣。

（1）经验科学理论揭示的实在，以通过信息来确保和扩大反馈-指导行动为基本旨趣。这是技术控制客观化进程的认知旨趣。

（2）解释学研究揭示的实在以维持和扩大可能的行动导向之相互理解的主体间性为基本旨趣。

（3）“批判的”社会科学，特别是精神分析和意识形态批判（如同哲学），由解放的认知旨趣所支配，这一旨趣通过自我反思起作用。因此，这就区分了此类“社会行动的不变规律”与“在意识形态上不变的依赖关系（原则上是可转化的）”。[19]

哈贝马斯是在新康德主义哲学的技术意义上使用“基本”这一术语的。技术控制的旨趣使经验实在对观察者变得有意义，并且决定了什么被看作知识的对象或关于此对象的经验命题。

> 在工具性行动的行为系统中，从可能的技术控制角度讲，实在是一切可被经验事物构成的总体。实在在这些先验条件下被具体化，在特定的经验模式中存在其对应物。关于实在的经验-分析命题的语言是在同样条件下形成的。[20]

在此意义上，认知旨趣，特别是技术旨趣[21]，表现为先验的形式。同时，它们产生“组织研究过程的方法论规则”，而不是“纯粹理论原因”的原则。更一般地讲，它们

82

> 产生于人类生活的真实结构：通过学习有社会组织的劳动过程，以及在互动中以日常语言为媒介的相互理解过程，来再生产人类生活的一种结构。[22]

哈贝马斯从未真正澄清此模式中的模糊之处，也许它的地位是最

重要的。我们应该如何严格地使用先验构成的语言？认知旨趣应被理解为支配着根本不同的科学，还是应被理解为理想型的极端（实际科学或专门学科也许与之密切相符）？[23]

在此存在三个相关问题：①认知旨趣的先验主义阐述；②其方法论二元论或反自然主义；③在此二元论中，哈贝马斯对技术旨趣的描述。我们先对乍看起来蕴含反实在论的①和③进行考察。

哈贝马斯关于支配经验科学的预测和控制的技术旨趣，似乎确实源于某些实证主义和早期实用主义科学哲学的经典构想（尤其是孔德和皮尔士（C. S. Peirce）的经典构想）。哈贝马斯本质上主张，皮尔士解释的这种经验科学的基本原则，并没有被实证主义者［如孔德和马赫（E. Mach）］充分理解。[24] 其结果是哈贝马斯并没有尽可能对自然科学和技术的社会科学这一工具性概念进行论证。从实在论科学哲学的角度看，这一工具性概念需要被当作关于研究的语用学的经验主题，从而需要更多地从社会学方面进行辩护。托马斯·麦卡锡（Thomas McCarthy）就很好地提出了这一问题：

> 问题是……经验科学命题如果有效，那么它对实在揭示了什么？其意义与某种行动的可能性具有内在联系吗？
>
> 如果哈贝马斯的回应意在实在论意义上缺少趣味，那么他的（经验-分析研究提供了技术上可用的信息）会被广泛接受。如果科学被认为是呈现或趋近自然本身的规律秩序的真实图景，那么
> 这一信息经常被投入实际使用。关于指导科学的技术旨趣的论 83
> 题，只有在准先验的意义上才能理解：比如，提出关于自然的客观有效知识的可能条件，以及关于科学命题的意义的论断。[25]

然而，即便以这种强构想，考虑到其认知相对主义的原则，我们也不清楚其是否与巴斯卡的先验实在论有冲突：

> 无论什么时候我们在科学中谈及事物或事件等，我们总是必须在特定描述下谈论并了解它们，这些描述总是在某种程度上由理论决定，而非对给定世界的中立反映。[26]

由此可知，*如果*哈贝马斯关于技术旨趣的观点是正确的，那么我们将会（“准先验主义地”）以他的方式描述。似乎没有理由能够说明，为什么实在论者不能将来自特定和不同认知旨趣的输入作为假设来接受，而要继续坚持将不可及对象领域的存在，作为科学实践的先验（不仅仅是准先验）基础。而在这一点上，哈贝马斯关于认知旨趣准先验地位的观点，暴露了其理论构想不仅是模糊的，而且是充满矛盾的。

> 哈贝马斯将“先验的”与“自然主义的”相结合，来解决知识的主观条件，他似乎陷入了进退两难的困境：或者是自然具有构成的客观性（constituted objectivity）的先验地位，因而不能作为构成主体（constituting subject）的基础；或者自然是主观性的基础，因而不能仅仅是一种构成的客观性（constituted objectivity）。[27]

麦卡锡继续论述哈贝马斯解决这一困境的尝试，结果这一困境最终“似乎并没有被解决”。[28]哈贝马斯自己也越来越怀疑认知旨趣模式
84 的地位，以及他在 1968 年提出的“准先验”构想。他所呈现的交往行为理论保留了较少的先验论，以及对经验与行动两种形式较为实用主义的区分。我们可以看到，这样重新定义之后，哈贝马斯进一步地远离了传统哲学的基础主义。同时他对重构的科学，如他的交往行为理论，做出了强实在论的主张。我在此处论证的重点是，尽管他的模式仍具有很强的二元性，但在批判的科学的名义下，在 1968 年以认识论构成的综合，似乎以系统与生活世界观融合，外部观察者与参与者融合的社会科学出现。

在此，我们需要对哈贝马斯思想的发展轨迹进行考察。首先，他对《知识与人类旨趣》中所提出的观点作了更谦虚的解释：

> 我认为我对皮尔士和狄尔泰的解读，充分表明了推测的迹象，即在“可观察的身体”同时也是“可工具性操作的”，而“可理解的人”同时也是“以语言为媒介的互动的参与者”这种意义上，“运动中的身体”“正在行为和言说的个体”此类观念的使用暗示着一种与行动的*先验*联系。[29]

我认为存在两种重要的转变：其一是认识论主张的减少，其二是从认识论问题转向对行动的关注。这些转变被第二个主要条件加强，即在另一哲学理论中被称为发现的语境与辩护的语境之间明显的区别：

> 在对此进行研究的过程中，我揭示了知识与旨趣的相互关系，但没有讲清楚交往（内含于行动语境中）与会话（超出了行动的强制力）间的重要界限。可以肯定的是，科学对象领域的构成，可被视为我们在（先于所有科学的）社会生活世界中所从事的客观化的继续。但对客观性（随着科学的建立而兴起）的真正要求是基于对经验和决定的压力的虚拟化，它只允许一种对关于 85
> 有效性*假设*主张的话语性检测，因此是*以理性为基础知识*的增殖。[30]

哈贝马斯保留了构成的概念，但开始强调“构成可能性经验对象的世界”包含着“感官感受、行动和语言表征系统的相互作用”。[31]

> 关于经验世界的构成，我们区别了符合不同经验模式（感知性的和交往性的）的两种对象领域（事物、事件与人、表达），两种不同的经验语言形式（物理的语言与意向的语言），两种行动类

型（工具性的与交往性的）。[32]

交往性行为的概念不同于《知识与人类旨趣》中作为不同对象构成的工具性行为的概念，它在两大卷《交往行为理论》中走向了神圣化，其自身日益成为“社会学的基本概念”。[33]这标志着他从先验语言转向了交往行为理论，并将该理论的逻辑地位定义为关于普遍人类能力的理性重构。[34]

哈贝马斯在 1968 年提出，批判的社会科学具有自反性，自反性“将主体从对实体化力量的依附中解放出来”。[35]在完成《知识与人类旨趣》后，他认识到：

> “反思”（可以追溯到德国唯心主义）的传统用法包括（且混淆了）两个方面：一方面，它表示反思能认知、言说和行为的主体之潜在能力的条件；另一方面，它表示反思无意识产生的约束，一种确定的主体（或确定的主体组，或确定的主体类）在其自我反思过程中屈服于这种约束。[36]

86 其中第一个过程就是哈贝马斯所说的理性重构，即重构行为者的前理论知识［在赖尔（G. Ryle）的意义上，即知道如何］。一个典型案例是乔姆斯基（N. Chomsky）的语言能力理论，哈贝马斯将其扩展到了交往能力理论中。[37]这类理论大致符合哈贝马斯早期所谓的深度解释学。这种解释学不仅澄清模糊的表达，而且阐明产生它们的系统原则。这意味着重构的科学不只是像在自然科学中那样取代前科学的描述[38]，相反，对其有效性的检验是与隐性知识（母语的使用者）相兼容的。

这一观念（如句法规则的结构产生可观察的现象）应直接被当作一种实在论的说明形式。哈贝马斯对此进行明确的说明，即对经验科学中的理论描述*也许*能给出一种实在论解释，但重构*一定*能。

当然，我们也可以说理论描述（如果为真）符合某种实在的结构，同样地，重构也与被解释的深层结构相类似（如果正确）。另外，描述性理论与对象间所谓的符合，容许许多认识论的解释，而非实在论的解释（如工具主义或约定主义）。相反，理性重构可以再生产前理论知识（它们只在一种本质主义意义上的解释）。如果这些知识为真，它们必须与对象领域中的实际有效规则精确一致，也就是说，与实际决定表层结构之产生的规则一致。[39]

在此论证中，哈贝马斯明确吸收了乔姆斯基对言说者关于语法规则的内隐知识的主张。这些主张对一些相当严肃的反对（如奎因提出的）是开放的。虽然奎因将自己局限于刺激意义的观念也有其自身的问题，但他下面的看法也许是正确的，即很难给予乔姆斯基的观点太多经验意义。正如奎因指出：

根据这一教条，两个外延对等的语法规则系统就不必同样正确了。正确的规则是母语使用者某种程度上内隐于心的规则。发现正确的规则是语法学家的任务，在此意义上……因此“新教条”……输入给母语使用者——对某规则系统比对另一规则系统（与之外延对等）无意识地偏好。[40] 87

但是，正如我们在第一章和第二章中看到的，实在论解释也许难以详细说明科学的某些具体领域（如作为最受欢迎的案例来源之微观物理学），但这并没有摧毁其一般可信性。无论如何，哈贝马斯致力于对重构做出一种普遍的主张，这使他近期的全部理论化研究具有一种戏剧性的实在论转变。

他所做的就是要颠覆实体论反自然主义的标准论证，即实在论只适用于自然领域而不适用于社会世界。在哈贝马斯看来，自然科学和社会科学旨在阐述客观化进程（如系统理论）的一般规律，而实在论的理论解释，只是自然科学和社会科学的诸多选择之一。相反，对重构的社会理论来说，实体论则是必需的。

我在此就不再详细介绍哈贝马斯是如何发展其重构的交往行为理论了。简言之，他认为科学必须同时被当作生活世界（正如其对其社会成员表现的那样）和在功能上综合的行动系统（对观察者表现的那样）来研究。[41] 对哈贝马斯而言，即便一个被全面描述的生活世界，也不足以充分描述社会：

> 一种将社会还原为生活世界的“理解的”社会学，将其视角局限于所研究文化的自我解释，这种内在的观点从外部滤除了所有影响生活世界（社会文化的）的事物。[42]
>
> 当我们以这种方式将社会视为生活世界时，我们采用了三个假设：①行为者的自主性；②文化的独立性；③交往的透明性。[43]

88 另一方面，系统性视角本身也是不完整的：“从观察者的外部角度看，被归入系统理论的实体，必须*首先*被当作社会群体的生活世界，并且要从它们的符号结构去理解。”[44]

无论这个仍处在初步阶段的方案有多少实质性优点[45]，它都以不同方式明确地指出，哈贝马斯理论的标准观念最终是先验主义的和反实在论的。最初方案的反自然主义意味着什么？显然，哈贝马斯现在认识到三元认知旨趣模式太过粗糙了，更重要的是，它太过“认知”而不够“社会学化”。如我们上面所说的，现在他更多关注于工具性行为与交往性行为的对比。这两种行为以前更多是作为两类*认知的*标准来分析的。换言之，他早期对认识论社会化或社会学化的尝试并未走远。在现在的理论中，似乎工具性和策略性的行动与社会科学视角（如系统理论）是相协调的，且交往性行为与生活世界的视角（分别为观察者视角和参与者视角）是相适应的。或许我们应称之为虚拟的参与者，因为生活世界视角下进行研究的社会科学家不必（当然，在许多情况下也不能）*直接*参与被研究的生活世界。

我们可以看到，哈贝马斯对表面交往行为的博弈论重构（对哈贝马斯来说是“策略性行为”）可能不敏感，因此毫无疑问这一区分太过尖锐。无论如何，不再存在“技术-工具性与实践-交往性”知识的尖锐对立，哈贝马斯在《知识与人类旨趣》中参照皮尔士和狄尔泰对此进行论证。

在此，再次提及诺曼·斯托克曼对实在论自然主义的哈贝马斯批判或许是很有帮助的。斯托克曼承认，哈贝马斯对对立的一方（技术-工具导向的经验科学）的建构，过度地受到自然科学的实证主义观念的影响。

> 科学实在论只要不采取其本质主义、客观主义形式来说明科 89
> 学的本质，而是以此所提出的方法，被解释为适合于某种自然科学发展的特定阶段的描述性方法论，实在论就能为——恰恰是哈贝马斯所否认的，即可能产生替代的方法论范畴（自然科学知识可以在此范畴下被组织起来）——提供证据。[46]

但批判理论必须根本上坚持反自然主义，这有两个重要原因：我们处于社会情境中的经验形式，以及我们形成那些情境概念的标准。

> 社会关系的结构并非如基本粒子或黑洞那样是“不可观察的”，这并不是说人类感官经验触及不到它们，因此需要像类似于泡沫室和射电望远镜之类的社会学的对应物来捕获它。而是说它们只有在一种超出感官经验的经验形式，即交往经验中才能获得。[47]
>
> 实在论者错误地假设：
>
> 社会科学中的理论概念，像自然科学中的那样，指的是“理

> 论实体”。但日常语言的自反性（社会科学的概念无法消解地被束缚）排除了以下构想——理论概念之参照的清晰证明的和认知的标准。理论概念的选择及意义仍与“对作为整体的社会的预测性解释”解释学地相关。[48]

对这一立场仍需进一步论述，我在第六章将会展开，但不清楚这是否还属于哈贝马斯的观点。他保留了日常语言的导向和“生活世界的语境-创造视域”下的交往性行为的导向[49]，但现在（如果真有区别的话）他想要对“发生了什么”做出比“其认为自然发生了什么”*更强*的主张。

90 这并不是说哈贝马斯对巴斯卡的实在论自然主义感到满意。他在近期的一篇会议论文的结尾，强烈地批判

> 西方哲学对存在世界的单边导向。使*本体论*思想的优先性，符合认识论和科学哲学中的认知特权，并且符合语义学中有方法地挑选出断言句。相互理解的形式-语用研究作为一个整体，可以解决这些定位。反对这种本体论的和认知论的单向性，可以实现对世界的去中心化理解。这种去中心化的理解将客观世界与社会和主观世界联系在一起，并需要一种同时符合命题真理的有效陈述、规范正确和真实性或可靠性的导向。[50]

此处引起罗蒂（哈贝马斯上面的话就引用了他的观点）的共鸣，但结语的理性主义远超出罗蒂思想的可能性或所欲达到的。就实在论而言，哈贝马斯也许反对这一计划及论证的“认知主义”形式，但我们不清楚实质性分歧是什么。

为避免此结论听起来太过草率，我将简略地论述以下三个潜在分歧的重要领域：真理符合论、解释学及事实-价值区别。首先，哈贝马斯致力于反对任何坚持真理符合论的实在论立场。真理符合论“试图

突破语言学领域（在此领域中只有言语行为的有效宣称可以被阐明），但这是徒劳的”。[51] 然而，在此并不存在与巴斯卡的立场（巴斯卡也反对真理符合论）明显的冲突（对比第二章）。其次，哈贝马斯想要反对实在论自然主义，它忽略了第五章所论述的解释学问题。在我看来，这种指责似乎也不足以反对巴斯卡的自然主义。最后，根据对上述哲学引文的评论及其全部先前的思想，显然哈贝马斯反对任何以传统形式支持事实-价值区分的实在论。然而，在此仍存在围绕解放性批判主题与实在论相融合的重要领域。巴斯卡在其两篇重要论文中辩论称[52]， 91
所有科学都有批判维度，在社会科学领域，这一批判具有解放的潜能。简言之，巴斯卡主张对社会对象错误信念的科学批判，将包含对错误信念的根源及其持续存在的解释性批判。*在其他条件均不变的情况下*，所有这些主张都谴责错误信念的原因，以及渴望揭示那些原因如何可能被剔除。

巴斯卡的抽象模式与哈贝马斯基于其交往行为理论的解放观念有一个共同的重要特征：两者都使我们支持一种合理的历史哲学的解放观念。这一解放观念对哈贝马斯来说似乎太过“认知主义”，并且也是普遍无力的。这当然是斯托克曼做出的反应[53]，也许巴斯卡的理论需要被进一步发展来阐明表面上持续的社会结构的潜在可变性——从经典马克思主义到阿多诺和马尔库塞以及哈贝马斯自己（以更缓和的方式），辩证矛盾的观念一直都是传统工具。[54]

无论如何，对哈贝马斯近期思想发展的研究表明，将他的批判理论视为本书所主张的反实在论自然主义，已经不再正确了。

第六章

批判解释学、实在论与社会学理论

92 在第三章我简要概述了实在论处理解释、常识和共识（在科学进步意义上）等相关问题的方式。在第四章和第五章，我更加详细地阐明了这些观点，揭示了解释学和批判理论的主题，并试图表明它们最终可以被融入第一章所提出的实在论自然主义中。

在转向最后一章分析行动和结构的更实质的问题之前，我想根据以下三方面，将前三章的论述结合起来：①解释学和批判理论与实在论相互提出的挑战；②综合的可能性；③这种综合对我们理解社会理论的早期形式的影响。

正如我们在第一章中看到的，解释学、批判理论和实在论在对社会科学实证主义元理论的批判上走到了一起。它们都似乎合理地宣称自己的理论要比其他的理论更深远。解释学，在迦达默尔那里，声称拥有对普遍性的本质主张；批判理论，以其名称，声称拥有批判的专利；而实在论自称彻底驳倒了作为一般科学哲学的实证主义。从实在论的角度看，解释学和批判理论在后一问题上都太过暧昧不清：它们以对客观主义或方法论主义的一般批判避开了这一问题，使得实证主
93 义以一种允许的限制形式免受批判。反过来，从解释学和批判理论来看，实在论只是另一种客观主义的科学方法论。

实证主义科学哲学的消亡，或者更确切地说是向约定主义的转变，为这三种批判带来了一些慰藉。它表明不仅是社会科学，而且所有科学都存在着不稳定的传统连续性，在这种连续性中持续着各种解释的冲突。批判（在较之批判理论更为狭义的意义上）是科学的中心。在此，实在论提供了一种具有先验保证的哲学本体论，它与科学实践的社会学相联系。

三个次要问题被消除。首先，伽达默尔的普遍性观念代替了局限于人文科学的解释学，同时，社会学家在很大程度上采纳了社会理论的解释学基础——吉登斯的双重解释学。其次，哈贝马斯通过对科学的“简单”方法论的相应批判，抛弃他的科学“准先验”基础，以及不同科学的认识论区分，支持一种更实用的区别，这种区别并不具有强烈的反自然主义倾向。他虽然不接受实在论，但恰恰在人文科学中，他乐于做出极为强烈的实在论主张。最后，独特的“批判理论”已经被解放批判的实在论颠覆，而这一观念直接产生于科学实践。

因此，即便这三种批判视域没有完全“融合”，也已经发生了改变。最重要的是自然主义被放在了合适的位置上，即被认为应该在社会理论层面和科学层面上，而非在哲学本体论层面上对其进行考察。换言之（当然我是十分粗略地讲），“社会科学在多大程度上类似于自然科学”这一总体性问题，倾向于分解为更具体的的问题，即社会生活理论所假设的实体和机制的本质和地位——本书第七章会处理这类问题。

退一步讲，说这三种立场走向一种综合仍为时过早，但我觉得不是我们具有不可通约的元理论范式，而是我们所强调重点的不同。不 94
同于元理论分歧，理论分歧以被普遍认同的社会理论的本质和任务的观念（这种观念实质上既不同于早期实证主义共识，又以更复杂的方式以之为基础）为背景。

做出这种主张毫无疑问*是*不太成熟的，我们应对其进行慎重地审视。我们当然也可为相反的观点辩护，即认为社会理论正被消解为彼此分离又不可通约的研究进程，而元理论争论逐渐从我们视线里消失，其真正原因是它们一直被隐藏着，由此在将来的大批判时期（如我们在 20 世纪六七十年代所经历的）再次出现。认真解决这一问题将会依靠社会学的社会学，而这超出了本书的范围。无论如何，接下来的论述都基于这一假设，即我们已经见证了社会理论产生的一定程度的共识，它既与科学实在论及合理的社会科学自然主义概念相兼容，又受其支持。

在本章接下来的部分，我将按照帕森斯《社会行动的结构》（*The Structure of Social Action*）中的理论，从前面发展出的视角来评价社会学理论。与帕森斯（我们还会再提他，他在书中仅用小部分来讨论马克思）类似，我的论述是具有高度选择性的；与他不同的，我的论述将会非常简洁，因为我在《社会科学中的概念形成》中对这些问题有更详细的阐述。我在此要重点论述马克思、迪尔凯姆、韦伯与帕森斯。我将强调对这些奠基者的论述不是流于形式的，因为我相信这些学者持续呈现社会学中非常重要的理论。

在探讨这些学者的不同之处之前，认识他们的相同之处是很重要的。所有科学都基本上是对经验实在的重构。这一重构过程涉及解释经验实在如何表现的如其所是——物体何以会落地，自杀率何以呈现系统规律性和变异性，劳动何以根据价值来表现，资本主义经济伦理
95 何以出现在早期近代欧洲。在社会科学中还有进一步的细化：对*待说明事物*（优先于任何可能的科学重述）的具体说明，必须包含对社会事件的“日常”概念化的解释。即便是迪尔凯姆（众所周知，他怀疑社会行为者的常识解释），在定义自杀时也不得不参照行为者自己的知识（期望？）——自杀行为将导致他/她死亡。

因此，正如先验实在论所描述的那样，由于这一重要条件，自然科学与社会科学拥有共同的逻辑。然而，这种科学实践包含不同元理论，这些元理论适合于它们所描述的实践活动。对本章所论述的这几位学者，我认为马克思所隐含的元理论基本上是一种实在论，韦伯最好被描述为约定主义者，而迪尔凯姆的立场则介于两者之间。

很难确切地说清马克思的哲学信念与元理论信念。然而，马克思及其传统最特别之处，可能就在于其关于科学概念和方法与研究对象之间密切的辩证关系。这最好以批评或批判的观念来阐明，即从《黑格尔法哲学批判》到《资本论》——政治经济学批判，这一观念贯穿于马克思的整个研究。

无论这两部著作在风格、方法和主题上存在多大差异，它们都拥有一个根本主题，即对社会实在的批判本质上（尽管绝非唯一）包含相应的对其理论表征的批判，无论其理论表征是黑格尔的国家理论还是古典政治经济学。正如马克思在《大纲》（*Grundrisse*）中所说的：

> 在一系列经济范畴中，如同在任何其他历史和社会科学中那样，必须牢记，现代资产阶级社会这一主题一直存在于头脑和现实中。因此这些范畴表达了存在的形式和特征，并且通常表达的只是这个具体社会、主题的个体方面。
>
> 资本概念的正确演化是必要的……就像资本本身——其抽象反映图像是其概念——是资产阶级社会的基础。对此关系的基本 96
> 预设的强烈构想，必须除去所有资产阶级生产的矛盾，以及其超越自身的界限。[1]

因此，马克思在《资本论》中所要说明的概念性问题（对这一问题的回答需要具体的经验研究和概念研究）“为什么劳动以价值来表现，为什么劳动时间以生产量来衡量”[2]，具有重要意义。

结合他的唯物主义，这强烈表明马克思致力于某种实在论科学哲学，这种哲学将理论命题视为世界的真实对象、结构和过程，因为如果缺少这种理论与实在的联系，我们就很难理解这些“批判”如何具有马克思所说那种说明力。当然，这并非是一种经验实在论。马克思极力在本质与表象间做出区分，他坚持认为“如果外在表象与事物本质直接符合，所有科学就都将是多余的”。

德里克·塞耶（Derek Sayer）明确地指出了这种隐含于现象形式与真实或本质关系之区别的实在论原则。

> 现象形式被极简单地定义为，外在世界现象“将自身反映在”人们经验中。这并不意味着人类活动在建构世界（体现自身）上不起作用，也不意味着所呈现的还没受到概念性的调节。它只能说明，不管从哪一方面看，都存在着一个构成的世界，这个世界的现象具有马克思所说的“自然稳定性和社会生活的自我理解形式”，这首先对其参与者来说是一个简单的基准。本质关系——用马克思的术语——是指那些可以说明为什现象会以这些形式出现的关系。因此，说其是本质的，不是在任何神秘论和内在论意义上，而仅仅是将其当作现象形式自身存在的条件。
>
> 马克思认为，不同于现象形式，本质关系对于直接经验不必是透明的。现象形式也许会隐藏或模糊它们作为表现形式的关
> 97 系。这种形式与关系的差异为马克思的意识形态观念提供了基础，同时也确定了他的科学方案。[3]

因此，马克思在《资本论》第一卷的开篇，就分析了商品的现象形式及其两个组成部分：使用价值和交换价值。他认为交换价值“只能是表达方式，是不同内容的‘表现形式’”。[4]正如塞耶表明，基于鲁宾（I. I. Rubin）[5] 的精辟分析，马克思成熟著作中的黑格尔式语言，直接转

变成汉森（N. R. Hanson）和巴斯卡的科学实在论的现代语言。[6]

如果有影响的注解者没有将马克思较为“激进主义”的论断引入关于认识构成（epistemic constitution）的激进主题中，就不必坚持马克思的实在论了。在认识构成中，人类实践（包括认知实践）对关于社会和自然世界的陈述的根源和有效性负责。[7] 我在《社会科学的概念形成》（*Concept Formation in Social Science*）中，试图根据巴斯卡对知识的可及对象与不可及对象的区分指出构成观念的局限性，在此我就不再重复了。卢卡奇的经典断言——例如[8]，“自然是个社会范畴”——是不成问题的，在科学的可及领域中是正确的，但一旦拓展到不可及领域就是完全错误的。（这对自然世界和社会世界同样是真的；如果社会仅仅被理解为统觉形式，如齐美尔有时似乎就有此意味，那么将社会定义为社会范畴就是错误的。）[9] 不过，我们通过各种实践创造世界（或者说改变世界），概念化虽然有实际的影响，但它不是最有效的实践形式。

然而，马克思关于资本主义生产方式的结构和机制的地位，具有一系列有趣的限制条件。马克思对政治经济学的批判，很大程度上是由于他没有看到其描述过程的历史性；其许多范畴在资本主义范围内有效，但在共产主义生产方式下就不再适用了。换言之，马克思认为在当代社会证明自身具有必然性的趋势，在理性社会控制的生产条件下将不再适用。正如哈贝马斯指出的，这里存在一种与精神分析理论 98
所假设的因果机制的类比，当其被“识破”和控制时就失去了有效性。（用弗洛伊德的口号来说：哪里有本我，哪里就有自我。）马克思在这一方面的预想到底在多大程度上是实在论的，这一问题超出了此处论述的范围，我仅在于表明他的元理论是一种实在论。

当然，这并不是在说马克思的科学本体论（不同于其哲学本体论）。与元理论批判相反，马克思的科学本体论一定是理论领域的。但我希望本章接下来对其他社会理论家的论述，可以使读者相信，无论马克思的研究在理论上存在哪些问题，其（很大程度上潜在的）元理论还是具有相当大的可取之处的。[10] 在我看来（尽管我不打算在这里论证），这些元理论的优点为马克思整个社会理论增添了不少力量。[11]

人们大多知道迪尔凯姆深受圣西门（St-Simon）和孔德的实证主义的影响，但很少有人注意到，其发展同样受到雷诺维叶（C. Renouvier）和其他新康德主义哲学的影响。出于论述的目的，我们暂且忽略这些影响在迪尔凯姆思想发展中的相互作用，而只关注他在创作《社会学方法的准则》（*Rules of Sociological Method*）时所建构的概念。该书向我们展示了一种限制性的社会事实的实在论本体论——在迪尔凯姆从断言社会事实或道德事实的真实性到建议我们应视之为事物的偶然转变中被限制。然而在实践中，迪尔凯姆经常对其概念进行一种实在论解释——即便当它们如“助长自杀的趋势”那样看起来是令人怀疑的。[12]

迪尔凯姆的另一个基本原则，即论证在形式上应是先验的，除了在“社会事实必须由另一（先前的）社会事实说明”这个断言之外，并没有在《社会学方法的准则》中明确体现出来。[13] 这一原则背后隐含的是一种先验论证的典型形式：考虑到自杀存在于规律的地理和社
99 会分布中，或宗教作为一种普遍的社会事实而存在，什么可以对其进行解释？这一论证直接出现在《宗教生活的基本形式》（*The Elementary Forms of Religious Life*）中，因为它纯粹是一种*先验*形式。在不存在超自然实体的意义上，宗教显然是一个错误，但是，如此具有普遍性的社会事实不能*仅仅*建立在一个错误上。那么，如果不是以社会为基础，它又能以什么为基础？[14] 如吉利安·罗斯（Gillian Rose）指出的，这一论证的先验形式在某种程度上解释了迪尔凯姆明显的循环论证：“先验的解释必然预设对象存在的现实性，也必然寻求发现其可能

性的条件。”[15]

对迪尔凯姆社会学的理论化存在各种批判，其中最根本的是在社会本体论层面的批判。在其社会本体论中，“社会的过度社会化概念”二元地面临着同样具体化的个体概念。然而，从实在论元理论来看，更确切地说问题在于其基本的实在论哲学本体论通过其定义和因果的独特观念与经验相联系的方式。

对迪尔凯姆来说，定义必须基于共同的外部特征。他没有论证就假设这些特征将有助于充分理解潜在的研究现象。[16]因此，迪尔凯姆将自杀定义为一种行为，即行为者知道会给他/她带来死亡，这使他面临一种极为复杂的行为混合状况，而行为者自身很难以相同方式进行分类。[17]其次，当迪尔凯姆在这种宽泛分类标准内继续区分自杀的不同种类时，他总是根据它们的原因来进行分类，因为其高度反直觉的信念使他清楚，相同的效果不会由不同的原因造成。[18]在此，常识与实在论拥有相同的信念，即一种结果事实上可能是由不同实在层面的（物理的、社会的、心理的）因果趋势的复杂混合状况产生的。因此，当法国人在中午十二点蜂拥去吃午餐时，其行为或许在不同程度上是由饥饿、社会习俗、个人对守时的心理强迫等因素激发的。相比之下，迪尔凯姆最终对自杀做出了令人怀疑的原因论的分类，而宗教由一种推测性的单一的原因-本质决定。因此，迪尔凯姆的实在论与 100
经验主义的不稳定结合（如果仅仅是在哲学本体论层面上是模糊不清的，则几乎无关紧要），事实上导致了他以一种不可信的且不一致的形式进行说明。

不同于迪尔凯姆，马克斯·韦伯对社会科学理论持反实在论立场。虽然说社会学是或者应该是一门*事实科学*（*Wirklichkeitswissenschaft*），即探究“事物发生的一般规律”的具体实在的科学[19]，韦伯对我们认识社会实在或自然实在持怀疑态度。对韦伯来说，实在论是一种“古老的经院哲学认识论”，即将概念视为在分析者的想象中“重构‘客观的’”实在。[20]

> 然而，没有什么比来自自然主义偏见的理论与历史*混乱*更危险。这一混乱首先认为，历史实在的“真实”内容和本质，在这些理论结构中被描绘；其次，利用这些结构使历史普遍一致；第三，将这些“观念”实体化为在事件背后运行的，且在历史中证明自我的实际“力量”和“真实的”实在。[21]

与这一观点相反，韦伯提出了“现代知识理论的基本原则——回到康德”，即“概念是理智把握经验数据的首要思想工具，也只能是思想工具”。[22]结合韦伯对经验实在之复杂性的新康德主义立场，这意味着理论概念只能是理想型：所有不是*纯粹*分类的概念都是偏离现实的。[23]

正如对迪尔凯姆的分析，我们可以通过审视韦伯的概念形成和因果性理论，来理解其立场的本质。在上述引文中，韦伯根据与“纯粹分类的”经验概念的对比来解释其理想型的概念，他以“教堂”和“教派”的概念为例：

> 这些概念可能以分类的方式被纯粹分解为要素的复合体。不
> 101 仅概念之间的区别必须时常保持变动，而且每个概念的内容也必须时常保持变动。但是，如果我想按*起源*将“教派”概念化，例如，参照某些重要文化意义（作为当代文化的“宗教精神”），两者的一些特征就变得*本质*起来，因为它们与这些效果有充分的因果关系。然而这些概念随即就成为理想型，即在纯概念化上，这些现象或者根本不存在，或者只在个别情况下存在。这里和别处一样，所有没有*纯粹*分类的概念都是偏离现实的。

另一个例子出现在《经济与社会》(*Economy and Society*)[24] 的开头，韦伯区分了“概念地建构主观*倾向*意义的*纯粹*型”与“‘事实上’表现在特定事件中或表现为某类事件的近似平均”。

理想型或纯粹型概念当然不是韦伯特有的，韦伯似乎是从耶利内克(A. Jellinek)1900 年的《德国国家学说》(*Allgemeine Staatslehre*)中引用来的。这种概念在其同时代许多学者中普遍流行，特别是在哲学家海因里希·李凯尔特，经济学家卡尔·门格尔(Carl Menger)以及社会学家-哲学家斐迪南·滕尼斯(Ferdinand Tönnies)和乔治·齐美尔。但韦伯的理想型还不同于后两位学者，因为他允许在建构理想型的过程中存在独特的自由。[25] 对齐美尔而言，理想型是从经验实在中*抽象出的*“典型形式”，它以更为普遍的哲学和心理学为基础。后一个特征也出现在滕尼斯以意志的心理学形而上学为基础的*共同体*(*Gemeinschaft*)和*社会*(*Gesellschaft*)的概念中。

相比之下，韦伯的理想型以李凯尔特的价值关联(*Wertbeziehung*)的激进化形式(因为是主观化了的)为基础。这就将对研究普遍文化价值的社会科学家产生的影响，与他/她在给定的研究中更个人更实用的关注相结合。李凯尔特所谓的文化价值的影响，在韦伯的宗教社会学中得到了最佳说明。韦伯声称，“现代欧洲文明的一个产物是，必须自我反省是哪些事实的结合导致了在西方文明中，且仅在西方文明中，文化现象呈现为(正如我们喜欢这样认为)具有*普遍*意义和价值 102
的发展”。社会科学家更具体的倾向在韦伯《经济与社会》开头的规定性定义中可以看到：

> 在*我的*概念理论中主张出于特定的方法目的，我以这种方式定义这些结构——只有科学的成果可以证明我的做法是正确的。[26]

以上两种情况所说明的问题是相同的：

> 对于*独立于*具体的“单向”视角的（这些视角或隐或显，或有意或无意地根据解释目的被选择、分析和组织）文化或“社会现象”，不存在完全“客观的”科学分析。[27]

韦伯的因果性理论正是其对理想型解释的必然结果。不同于休谟，在韦伯看来，问题不在于现实中没有因果关系，而在于这些关系太多了以至于我们无法处理。因此，我们不得不从中选择一些，在此，选择既包含聚焦于因果链条中的某个特定联系或某些联系，又包含对链条本身关系的简化。一个或更多的这种简化序列的确定，为我们提供了近似真实的因果关系（在严格意义上因其复杂性而不可知的因果关系）。正如韦伯指出：为了能了解真正的因果关系，*我们只能建构非真实的*。[28]

韦伯对理想型的分析，简而言之就是，我们要问是什么导致了社会科学家放弃一种理想型？韦伯对此只给出了两种解释：第一，根据研究的实用性，第二，根据文化历史。实用性回答在其言辞上［上面引自玛丽安妮·韦伯（Marianne Weber）的传记］是含蓄的：重要的是“科学成果”。理想型不是假设，而是意味着对假设的建构。[29] 韦伯认为后者可能会被证据驳倒或确认。但即便他在被驳倒的可能性上是正确的，我们仍不清楚它是怎样迫使我们放弃会造成被拒绝的假设的理
103 想型：理想型可以在假设消失之后继续存在。或者，当理性经济行为的纯粹型被当作判断与之经验偏差的标准时，理想型也许会更直接地与经验实在作比较。但韦伯只能通过暗中回到直接指向实在的概念（已被其价值相关性教条削弱），来维持此对比的可能性。

韦伯对理想型出现或消失的文化-历史解释，只能使问题更加严重化。在这一模式中，我们放弃理想型，是因为我们对其处理的概念问题失去了兴趣。

> 有时气氛会有所变化，对重大文化问题的看法会与之俱进。科学也准备改变它的立场和分析方式。[30]

因此，

> 社会科学领域最大的进步是与实际文化问题的转变密切联系的，并且表现为对概念建构的批判。[31]

但是，除非对内在于“文化问题”中的理由有一种黑格尔式的狡黠，否则我们不清楚如何知道我们已经取得了“进步”。为了维持这一可能性，韦伯被迫假设一种实在，它可独立于理论概念而被了解，并且可与竞争概念相互比较。或许有人会说，这是所有科学理论的问题，而韦伯对理想型概念形成的独特的主观主义解释，并没有真正帮助我们面对这些问题。正如帕斯卡（曾宣称没有什么比定义更自由）那样，韦伯告诉我们，没有什么比理想型的建构更自由。通过我们对经验实在的“敏感性”或“辨别力”，我们足以会在对它们的使用过程中被引导。在遭遇经验实在后仍存在的概念，在我们社会文化变革的长期进程中，可能继续存在也可能消亡。

韦伯的意图十分明显，他想将社会科学或文化科学中导向的主观性与判断其结果的客观标准结合起来。他特别否认 104

> 文化科学中的研究只能*导致*对一人*有效*而对另一人无效的“主观”结果。更确切地说，改变的只是，他们对某方面而非其他方面感兴趣的程度。换言之，什么会成为研究对象是由支配科学家及其时代的价值-观念决定的，至于“如何”决定、研究方法、科学家，在此及任何地方当然必定都是不作考虑的。[32]

但是，即便我们准备接受韦伯对科学“结果”客观评价的乐观主义，理想型概念的问题正在于，它在结果领域与价值关联的兴趣间摇摆不定。韦伯想要将它们纯粹视为*工具*，但要这样做他就不得不退回至某种经验主义。

最后，我将论述塔尔科特·帕森斯。他的研究以两种重要方式与当前的论述相关。首先，帕森斯需要被理解为一个先验主义思想家，他以独特的复杂方式将社会科学的可能性与社会秩序的可能性结合起来，这一规范地控制社会行动的理论试图回答这两方面问题。[33] 功利主义理论（在此理论中，帕森斯相当难以置信地包含着马克思主义），在理论层面上解释人类行为的目的，和在更实质层面上（并不假设“不可靠的”个人利益的自然和谐）解释社会秩序的基础，这都没有成功。[34] 帕森斯对“行为的规范导向”模糊使用是这种双重聚焦的语义表达，它（a）作为解释“在替代的行为计划之间选择并以结果的随意性克服功利主义经济学问题”的理论原则；（b）作为社会秩序的保障，在此“规范”意味着“导向一种社会主流价值的系统”。帕森斯自己也在承认其理论的先验地位（将参照的行为框架比作牛顿物理学和康德哲学中的时-空框架）与替代的“现代”科学观念（在此，其理论被视为对经验检验开放的假设-演绎模式）之间摇摆不定。尽管帕森斯
105 与贝尔斯（R. F. Bales）及其他人致力于后一种方向，但他从未成功使其第二种理论构想令人信服。

在此，与帕森斯的理论第二个方面相关的，是其“分析的实在论”的元理论。在此元理论中，

> 他坚持认为，至少科学的某些普遍概念不是虚构的，而是充分“把握了”客观外部世界的某些方面。在此，观念被称作分析的要素是正确的。因此，此处采取的立场在经验意义上是实在论的。同时，它避免了经验实在论导致异议的指向。这些概念不与具体现象一致，而与具体现象中的要素（这些要素在分析中可与其他要素分离）一致。这并不是说任何一个这种要素的价值，或

> 者说任何一个逻辑一致的系统中包含的全部要素的价值，在于对任何特殊具体事物或事件的完全描述。[35]

从实在论的观点看，帕森斯反对经验主义和“虚构主义”的做法是正确的。然而，正如施奈德巴赫对卡尔·波普尔的评价，他的实在论最终“从方法论上讲是没有结果的”。实证主义科学哲学的影响最终使帕森斯放弃发展实在论的社会本体论，而转向以下观念，即离散的“分析的”科学（社会学、经济学、心理学等）负责具体社会生活的不同领域。[36] 此举就产生了元理论和理论的影响，这对帕森斯的计划来说是灾难性的。从元理论上讲，这意味着，不管他是否选择对特定的分析的科学做出一种实在论解释[37]，他对所有这些科学的总体（由于它们与具体社会实在有关）的解释，在特征上只能是约定主义的。这一元理论转向的意义明显体现在其理论结果中：不同科学的*分离*系统都是以或多或少随意的方式定义的——经济学根据资源配给，社会学根据社会稳定性的维护等，但是正如伯格指出的，这就等于犯了：

> 波兰尼所说的“经济学谬误”，即假设某类行为与某一特定社会功能之间存在本质联系……这是错误的，因为，人的物品供 106
> 给，也许可以在根本没有经济学考虑的指导下完成……这就表明在具体现象的经济学方面没有本质联系，因此分析的经济学不能描述这些联系。自然地，对分析的社会学一定会出现同样的反对。各种争端也许可以通过各种途径避免；一致的社会功能不是“内在地”通过“道德”或“团结”实现的。[38]

换言之，帕森斯实质性的社会学主张是，社会秩序的基础是唯一的规范，而不是“利己主义交换、支配现象与规范信念之间的相互关系”的产物。[39] 这一观点依赖一个关于分析的社会学科学之内在特征的无争议假设，这一假设本身又反过来基于关于科学与其对象之关系的实证主义假设。迪尔凯姆的精神在帕森斯的元理论中体现得与在其实质性理论中体现得一样多。

在此这一复杂方式还有进一步的案例，以这种复杂方式，一个看似无害的关于科学与其对象领域之关系的元理论假设，在某一方向上歪曲了整个实质性的社会学或经济学理论。[40] 帕森斯的过度简化不常被谴责，但谴责似乎出现在他对社会科学分析的区分中。相反，先验实在论表面看似平庸的观点，在关于所有实在（包括社会实在）的复杂分层的哲学本体论层面上，可以指明更合理的关于社会科学相互关系的观念。[41]

这一批判的要点是，社会本体论问题必须被正面处理，而不能划分为一些不连续的社会科学。关于社会实在，单独地讲是严谨的，整体地讲是详细的。我认为，避免这种具体化最有效的办法是，以一种比帕森斯的行为意志论更敏感的方式，去解释学地看待个人行为。在
107 第七章，我将尝试总结本书先前涉及的元理论主题，并将它们与当代对社会实在的“行为”和“结构”的理论化联系起来。

第七章
结论：行动、结构与实在论哲学

实在论自然主义的关键问题在于为社会科学领域的结构概念赋予 108
意义。与实证主义自然主义（容易受行为主义吸引）的还原论不同，实在论自然主义强调将实在的层级作为普遍的形而上学原则。在此，它接受了“解释学”原则，即社会科学的概念和理论，必须同生活世界中行为者的概念和理论具有实质联系。因此，社会本体论的核心一定是“个人能够独立行为”这种常识图景：哈瑞和西科德讽刺地称之为“人类的拟人化模式”。[1]

通过详细的阐述，其成为对分析真理的收集，这也就是史蒂文·卢克斯（Steven Lukes）所谓的“常识社会原子论”：

> 社会由人组成，群体也由人组成，制度由人、规则和角色组成。规则由人遵守（有时候也不遵守），角色由人扮演。还有传统、习俗、意识形态、亲属体系和语言：这些都是人类行为、思考和谈论的方式。[2]

当然，方法论个体主义者，以本体的和/或说明的术语，将其转变为重要的还原论论题。

正如我在先前的书中所提到的[3]，我们可以根据修正的巴斯卡式对

经验实在论、先验唯心主义和超验实在论的区分，对社会的社会学概
109 念进行有效分类。经验主义者或者坚持对概念（如“社会”或“社会结构”）的还原论分析，或者坚持在经验实在论模式中，将社会视为经验给予的自我存在的实体，这种实体以生物类比或系统类比为基础。先验唯心主义理论拒绝这种整体论，将社会的概念重建为在个体行动和感知中实现的社会交往［*社会化*（*Vergesellschaftung*）］的抽象原则。最后，对先验实在论而言，“社会既是始终存在的*条件*（质料因），又是人类能动性持续产生的*结果*。[4]

在对社会结构进行详细研究之前，我们必须注意社会理论中的进一步趋势，即将自由等同于“行动”层面，将约束等同于“结构”或“机制”层面。（化用马克思关于费尔巴哈批判的第一条，积极方面是由个体主义发展的。）从马克思到萨特（Jean-Paul Sartre）和图海纳（Alain Touraine），我们到处都可以看到*集体主义*的理论[5]，但它们毕竟是少数。集体主义理论在某种程度上受到目前流行的奥尔森（M. Olson）、罗默（J. Roemer）、埃尔斯特（J. Elster）和其他人的威胁，他们试图以个体主义阐述集体行动的逻辑。[6]

“行动”与“系统”或“结构”之间的对立，是整个社会理论中最为普遍的问题之一。艾伦·道（Alan Dawe）将这一问题讲得非常清楚：

> 因此，在一种关于社会系统的社会学中，社会行为者被极力描述为处在社会系统的接收端。从其作为社会人的存在和本质，其社会行为和关系，以及其作为人类存在的个体身份的角度来看，社会行为者是受社会系统决定的。这是一个使社会行为者融入社会核心价值和社会规范（与其在劳动分工中扮演的角色适合）的过程。因此社会行为完全是社会系统的产物和衍生物。
>
> 与此完全相反，在一种关于社会行动的社会学中，社会系统

> 被定义为社会行动和相互作用的衍生物，一个由积极的、有目的、有自我和社会创造力的社会成员产生的社会世界。[7]

显然，这“两种社会学”与其他各种社会关注都存在共鸣，例如，一 110
方面是自由和无政府主义政治理论，与另一方面是法西斯主义或斯大林主义之间的对立。更根本的仍是，它们被当作在关于实在基本的二元论的表述。有时，我们感觉到社会生活中的自由、独立和创造性。其他时候，我们感觉到受我们“岗位及其职责”的压抑。或者，随着迹象的改变，我们可能会感觉到受存在自由的感觉威胁，并陷入萨特式自欺——来自确定的社会惯例的慰藉。在此背景下，试图在社会理论和方法论层面上缓解这一对立似乎是错位的。任何充分的社会理论必定会提到我们的直觉，例如，比起在枪口下被迫劳动的那些人，我在写这本书的过程中，行动较少受到束缚。

第一步是要认识到吉登斯所谓的“结构二元性”：

> 结构绝不能被简单地概念化为对人类能动性的制约，而应该是使之能够……在原则上，结构总是可以根据作为一系列再生产实践的*结构化*而被检验。探究实践的结构化，就是为了寻求解释结构是如何通过行动构成的，以及相反地，行动是如何被结构化地构成的。[8]

更具体地讲，这包括认识到“如果行动被广义地理解为实现结果的能力，那么行动的概念与权力的概念是逻辑地联系在一起的”。[9]吉登斯建议根据“资源”分析权力：

> 资源在行为者产生相互作用的过程中被利用，但资源被构成为统治结构。资源是权力借以在日常社会行动过程中被使用的中介，但资源同时也是社会系统的结构要素，它们在社会相互作用

> 中被重构。社会系统被构成为在时间和空间中再生产的有秩序的实践；权力和空间：因此，社会系统中的权力，可被视为在社会相互作用中包含着自主和依赖的再生产关系。[9]

111 在此，似乎可以重新定义社会生活中行动与结构的关系。[10] 实在论的元理论是如何与这种及其他理论方法相联系的？正如我在本书中，特别是在第三章中提到的，从元理论直接进入到实质性理论的错误，为理论的特定形式提供一种假的元理论保证。然而，与此同时，实在论立场明确突出了结构与能动性的对立。坚持实在论解释，也许会增加还原的诱惑。

将能动性还原为结构，或将行动者还原为结构“承担者”，已经被正确地看作阿尔都塞（L. Althusser）对马克思主义重新解读的中心问题，但约翰·厄里（John Urry）已经在他的各种文本中指出，这可能是对马克思主义，或就此而言，是对任何其他社会理论的实在论解释的内在威胁。[11] 在马克思主义看来，剩余价值的生产和分配是一种潜在的机制。

> 该机制引发价格、工资、利润、利息、租金等。然而，这一观念在两个方面是成问题的。首先，它可能会导致将这样的社会以“表现的总体性”——社会的*所有*方面或要素仅仅是内在本质或机制的现象形式——为特征。其次，没有对实践（个体要参与其中以产生这些现象形式）的确切种类进行说明。资本主义社会的许多方面并非其核心机制的无中介表达，它们产生于个体对象被迫参与的社会实践和斗争的形式。[12]

这些是真正的缺陷，但对我来说，它们似乎是马克思主义的缺陷[13]，更是某些对马克思主义的现代解释，尤其是联邦德国的“资本逻辑家”（capital logicians）（据我所知他们不是实在论的支持者）对马克思主义解释的缺陷，而非这种实在论元理论本身固有的问题。这些缺陷的补救办法某种程度上在于厄里依旧对“社会空间（个体对象在其中被构成和再生），社会斗争的不同形式和有效性，以及国家性质”采取实在论的分析。[14]

这种相反的趋势将结构消解为行动和相互作用，这也许是实在论 112
立场更为自然的结果。自然科学中的实在论常常基于实体的实在性（被科学理论假设），而不是理论本身的真理。电子理论变幻不定，但我们知道太多电子的知识，有太多操纵电子的技巧，以至于不能怀疑电子的实在性。伊恩·哈金（Ian Hacking）认为，“如果你能制造它们，它们就是实在的。”[15] 但是，我们真的想要以这种方式谈论如新教经济伦理、布迪厄的*习性*、弗洛伊德的无意识等此类“实体”吗？难道我们不应转而和罗姆·哈瑞一起谈谈社会的图像吗？

> 根据我希望倡导的观点，社会及社会中的制度，不应被视为独立于我们构想图像的存在。相反，它们*是*在对某些问题情境的说明中被描述的图像。因此，工会或大学的*概念*，是被当作一种由其说明力来判断的理论概念，而不是被当作一种由其是否符合独立实在来判断的描述性概念。社会形式与科学说明的形式是相同的，但他们的本体论承诺和形而上学结构却大相径庭。在自然科学出于说明目的而构想的实在图像之外，存在着一个活生生的真实世界，但在为说明社会行动的社会相互作用而构想的图像之外，只存在行为者及其对应的行为和想法。[16]

因此，对罗姆·哈瑞而言，阶级理论

> 描述的是一个众所周知的图景或图像。它不是一种描述独立实在的理论，它是理解人们之间各种差异的诸多说明的基础……现在我的观点是：阶级只有被认为存在时，且这一概念的功能是

为理解某种情况下某事发生提供一个标准的、现成的、易于接受的说明时，才是存在的。[17]

113 沿着这条论证路线，接下来的问题是，除非所说的“说明”“可理解的”“易于接受的”这些术语都只限于某一特定的共同体中，不然我们就需要判断什么是好的说明的标准，反过来这又需要一些关于实在的概念，它们（大部分）独立于我们理解和说明它的方式。正如我在第三章所说的，哈瑞正确地坚持：①个体社会行动的基础地位；②社会科学中理论解释的开放性质，但这并不意味着所有精致的（non-naive）说明必须根据具体行动，也不意味着社会领域中的图像建构“怎么都行”。哈瑞的第一点似乎符合巴斯卡的构想——“不同于自然结构，社会结构不能独立于其所控制的行动……［和］……行动者对自己在其活动中正在做什么的观念。”[18] 事实上，这一构想可能在还原结构的方向上走得太远了，我们需要包括对行动的反事实参考。说我拥有某一权力地位也许意味着我实际上行使了权力，或者如果我选择行使，我可以做到。

第二点，社会理论的开放特征，我在第二章详细论述。我认为，根据关于实体的实在论展开讨论，就犯了错置具体性的错误。社会科学假设的实体显然不同于自然科学假设的实体，但有趣的问题不在于此，而在于两个领域理论化活动的总体差异，尤其是社会理论只有较小的启示力。放弃社会科学可以提供“与自然科学同样惊人的洞见和说明力”[19] 的理想，不是要否认社会理论的*任何*说明力。这也不至于使我们认为（如布迪厄）社会科学中所有的说明性陈述必须以“一切发生似乎是……”为前提。[20]

对行动理论和方法论个体主义的简明论述也许有助于我们澄清这些问题。对实证主义和新康德主义元理论的实在论批判，主要目标是反对将本体论还原为认识论，而最终将本体论和认识论还原为方法论。然而在我看来，一旦我们正确理解行动与结构间的本体论关系，沿着吉登斯“结构二元性”和巴斯卡“社会行动的转变模式”，我们可 114
以看到，行动-理论和个体主义还原的问题所在，即抽象的适当水平的方法论问题，它们在不同情况下由研究过程的语用学所控制。换言之，如果说参考的行动框架“仅仅是更深入、更准确地穿透社会存在方式（社会只存在于处于一定社会关系中的个体中）的方法”是正确的[21]，这不是因为在关于人的斯特劳森式本体论中[22]，结构是虚幻的，只有行动理论具有合法基础，而是因为，出于某些目的，这是抽象操作的适度水平。

当然，考虑到结构与行动之间的本体论关系，这不仅仅是一个方法论的问题，而且方法论和本体论这两个维度可以而且必须分开研究。方法论个体主义应当被看作是仅在某些情境的方法。产生混乱是因为个体主义试图进一步超出该情境，并将其方法论建立在一种经验实在论的本体论基础上，而这种本体论以“基本原理”“最基础的说明”等术语为特征。（“任何反对方法论个体主义的人，在逻辑上都犯了轻视个体的错误，这将导向集中营的建构”，这种意识形态上的错误只会加重混乱。）个体主义对抗整体主义的实质性问题十分广泛，在此无法具体处理，但重要的是，要阻止这种将方法论与哲学相混淆的趋势。苏珊·詹姆斯（Susan James）在最近的一本佳作中已经表明，个体主义和整体主义之间的方法论对立，需要从“社会结构的命题能否还原为个体的命题”这一无关紧要的哲学争论中解脱出来。正如詹姆斯表明的，在这个层次上讨论就忽视了社会理论的多样性，以及它们想要满足不同知识的（说明的）旨趣。

> ［传统争论］专注于还原的概念，而忽视了更深层、更重要的区分：整体主义和个体主义基于关于个体本质的不同观点，每种 115
> 观点都产生一个对如何说明社会世界的不同主张。在此洞见下，

> 这一问题可以重新来看。与理论还原的各种标准无关，其关注两种因果分析之间的关系和相对力量：一种根据社会整体属性说明个体属性，另一种试图将社会整体的特征当作个体性质的结果来说明。[23]

因此詹姆斯表明，整体主义与个体主义之间的争论是“平等主体之间的争论”，他们受不同的兴趣引导，在其兴趣引导下处理特定的主题。因此，即使将一方面的还原论与另一方面的意识形态怀疑这些次要问题排除在争论之外，个体主义仍然不满意根据社会整体（无论是被看作包含着抽象实体之不合理的具体化，还是仅仅被视为不完整的说明图式）进行说明；相反，整体主义仍不满意强调个体自主选择的说明，整体主义认为这些选择在因果上是不重要的，重要的*是*塑造个人行动（无论他们可能发生什么）的结构性压力。

这里就不再详细考察整体主义和个体主义是如何（在其工作的一般或具体方面）吸引各自社会理论家。个体主义说明与整体主义说明所采取的形式差别太大，以至于不允许任何简单的分类原则。我认为个体主义的说明形式应根据其优点，而不是根据一些基于经验主义本体论的一般还原论主题被评价。显然，人类个体在社会理论中有特殊的本体论地位。巴里·辛德斯（Barry Hindess）称，“人类个体也许不是社会生活的构成主体，但他们是唯一的行为者，其行动不总是涉及他人的行动”。[24]

我们必须承认如“阶级”这样的结构性概念是“理论的”和可争
116 论的。但就说明的首要性而言，由此并不能推出什么。历史和社会科学中许多有趣的说明，如果在根本上是可能的，就一定采取整体主义的形式，也就是说，坚持个体主义还原看起来似乎是错误的。根据外汇交易商的个人决定来说明英镑的长期贬值，与根据测绘降雨量轨迹来说明英国八月份的潮湿是一样不确定的。（相反，如在传统的经济理论中，常见的是，参考的是“那个”典型的个体，人们也许会质疑，在任何严格的意义上，这是不是真正的个体主义说明形式。）[25]

再举一个我在别处使用过的例子——就业歧视是雇用、解雇、任命等个体或集体决定所产生的最终后果。因此，调查为什么相对于同样合格的黑色人种/女性/工人阶级申请者，个人雇主也许更喜欢白色人种/男性/中产阶级申请者，是某种兴趣的问题。但是，这种关于歧视的调查不会告诉我们任何关于系统的排斥过程，这种排斥过程通过表面上向所有人开放教育系统的机制而运行。这些过程自身当然可以被详细探究，但是从就业歧视研究视角出发，它们是作为说明所不能忽略的基本结构条件而运行的。

在此，和别处一样，社会科学跟自然科学一样需要多元化的方法论。这些方法论的优点只能在这些科学的实践中判断，并根据它们（对社会科学家和公众而言）在丰富我们对社会世界的理解上的程度来判断。社会科学反自然主义的剩余真理是认识到，它们不可避免地与我们（作为社会成员）在人类社会中的非科学的思考和行动联系在一起。这一认识不可避免地限制了还原论的社会科学理论（这种理论抹去了社会与非社会系统的区分）。大多社会学理论一直都认识到这一点，但我认为，在过去 20 年里取得的巨大成就是，通过语言分析哲学和欧洲大陆解释学的影响加剧了这一认识。我认为，现在是时候以哈 117
贝马斯、布迪厄、吉登斯和其他理论家那种方式提出这种洞见了。而且在我看来，实在论科学哲学和限制性的或批判的自然主义为进一步的发展提供了最好的理论框架。

这样说并不意味着，彻底反自然主义的社会理论，或将实在论元理论视为错误的或不相关的而拒斥之的社会理论没有什么值得学习的地方。就自然科学而言，某一具体理论的元理论附件实际上往往与其说明力及结论的旨趣无关，在这种情况下，对它们的研究可以放心地留给思想史学家。然而，一个哲学的元理论确实常常有实质性的影响。在第六章中，我试图说明它对古典社会学的一些影响，实证主义对社会学和其他社会科学更近发展的影响是不可否认的。在经济学中，人们根据实证主义的约定主义之毋庸置疑的习惯，来证明支持新古典经济理论（与古典的和马克思主义的不同）的论据。[26]这些假设在心理学中也尤为强大，并为拒绝精神分析理论提供了理由，这些理由从实在论的角度看是坏的理由。[27]实证主义的影响力是极为变动的：在政治科学和语言学中影响较大[28]，在社会人类学中影响较弱。正如我在第一章就说过，历史学整体上已经脱离了实证主义说明理论的直接影响，但它仍然在某种程度上被对一切理论形式的经验主义怀疑，以及对最初来源的迷恋束缚。

现在，如果没有这些马克思主义经济学、弗洛伊德精神分析、乔姆斯基语言学等理论的实在论形式，我们也许会更舒适一些，但重要的是，他们不应被哲学教条，尤其是在哲学自身中已经有些黯然失色的教条排除在外。许多最近的实在论支持者，如上一段引用的那些实在论者，迄今为止仍在首先考虑复活这些议题。渗透了实在论而非实证主义原则的哲学环境的积极影响将会慢慢地显现，且难以精确地辨别，但我认为积极影响将依然是真实的。[29]

118 上述讨论再次提出了哲学与社会科学之间的关系问题。前几章本应澄清它们的关系一直是既非常密切又极其多样的。正如我在开头所强调的，“新实在论”的一个特殊之处在于，哲学问题群与社会学问题群的非同寻常的密切关系。这种哲学与社会理论的结合被认为是有趣的且中肯的，因为它是在社会学和其他社会科学（稍轻微一些）经历了长期的理论（及日益增多的元理论的）不确定性之后才出现的。它对哲学的这种开放，当然只是学科界限这种一般问题的一部分，但有趣的是，它在科学哲学、语言哲学或某些直接回到前苏格拉底哲学领域中走了多远。有人精辟地总结道，英国社会学理论面临着从维特根斯坦背后消失的威胁。在哲学与社会科学的边缘工作的这种激增中，很容易忽视更隐蔽的但对前几代社会科学家产生强大哲学影响的实证主义，实证主义共识的力量在于，它有能力给竞争的哲学体系扣上“不可救药的过时思想”这顶帽子。

对实在论科学哲学的一些批评指责它有类似于极权主义的抱负，特别是当它给社会科学提出自然主义处方时。[30]然而，正如我贯穿本书所要论证的，实在论主张并不是，任何具体科学，在其目前状况下，已经确切掌握了自然或社会实在的客观结构，而仅仅主张，假定作为科学描述*可能*对象的这种结构的存在是有意义的且实用有效的。此外，实在论与实用主义的密切关系，及其与更为规范的哲学理论的对立，体现在其坚持主张：对不同替代性描述的裁决工作基本上是个别科学的问题，并且在不同程度上，是普通大众的问题。

后一个限制非常重要，因为实在论并不承诺特定的现存科学（作为知识和社会形式）之过誉的具体化，而仅仅是承诺其中的特定理论和方法。它的主张是更弱的，但是很重要：本体论承诺，无论是关于一般认识论还是关于具体科学理论，都是不可避免的，并需要认真对 119
待。在我看来，巴斯卡正是在这个意义上正确地主张实在论是科学（包括社会科学）*的*哲学。在此存在一个不可避免的*政治*承诺：现代科学的整体事业在于扩大并完善我们关于自然和社会世界的知识。如果，现在看来日益可能，这一事业中的某些组成部分的最终结果是灭绝地球上人和大多数动物的生命，它当然会被揭露为一个彻彻底底的灾难。但是，我们还能做些什么呢？就所有那些精英主义、保守主义和政治上的不负责任而言，现代科学，在系统研究及由那种研究支撑的政治的最广义上，是我们理解社会发展，并对社会发展保持一定影响的唯一希望的途径。

参考文献（注释）

导言

[1] See William Outhwaite, ‘Laws and Explanations in Sociology’, in John Hughes *et al.* (eds), *Classical Disputes in Sociology* (London：Allen & Unwin, 1987).

[2] Theodor Abel, ‘The Operation Called *Verstehen*’, *American Journal of Sociology,* vol. 54, 1948.

[3] Christopher Bryant, *Positivism in Social Theory and Research* (London：Macmillan, 1985).

[4] Peter Halfpenny, *Positivism and Sociology* (London: Allen & Unwin, 1982).

[5] Anthony Giddens, ‘Positivism and its Critics’, in his *Studies in Social and Political Thought* (London: Hutchinson, 1977).

[6] Tom Bottomore, *Marxist Sociology* (London: Macmillan, 1974).

[7] Derek Sayer, *Marx's Method* (Brighton: Harvester, 1979).

第一章　新旧社会科学哲学

[1] Halfpenny, *Positivism and Sociology*.

[2] H. T. Buckle, *History of Civilisation in England,* vol. 1, ch. 1 (London: 1899) (1st edn 1857).

[3] William Outhwaite, *Understanding Social Life,* 2nd edn (Lewes: Jean Stroud, 1986) ch. 2 and *passim.*

[4] Outhwaite, ‘Laws and Explanations in Sociology’.

[5] Otto Neurath, *Empiricism and Sociology* (Dordrecht: Reidel, 1973).

[6] A typical example is Richard Rudner, *The Philosophy of Social Science* (Englewood Cliffs, NJ: Prentice Hall, 1966).

[7] Karl Popper, *The Logic of Scientific Discovery* (London: Hutchinson, 1959), p. 59.

[8] C. G. Hempel, 'The Function of General Laws in History', *Journal of Philosophy* vol. 39, 1942, pp. 35-48; reprinted in P. Gardiner (ed.), *Theories of History* (New York: Free Press, 1959), pp. 344-356.

[9] Hempel, 'The Function of General Laws in History', in Gardiner (ed.), *Theories of History,* p. 352.

[10] Ibid., pp. 349 f.

[11] Michael Scriven, 'Truisms as the Grounds for Historical Explanations', p. 448, in Gardiner, *Theories of History,* pp. 443-475.

[12] Ibid., p. 454.

[13] Edmund Mokrzycki, *Philosophy of Science and Sociology* (London: Routledge & Kegan Paul, 1983), p. 65.

[14] Ibid., p. 4.

[15] See William Outhwaite, *Concept Formation in Social Science* (London: Routledge & Kegan Paul, 1983), especially p. 6.

[16] Martin Hollis and Edward Nell, *Rational Economic Man* (Cambridge: Cambridge University Press, 1975).

[17] Outhwaite, *Concept Formation in Social Science.*

[18] Alfred Schutz, 'Choice and the Social Sciences', in L. Embree (ed.). *Life World and Consciousness* (Evanston: Northwestern University Press, 1972), especially p. 583. Cf. Outhwaite, *Concept Formation,* p. 65; Richard Grathoff (ed.), *The Theory of Social Action* (Indianapolis: Indiana University Press, 1978).

[19] Peter Winch: *The Idea of a Social Science and its Relation to Philosophy* (London: Routledge & Kegan Paul, 1958), p. 123.

[20] Karl-Otto Apel, *Analytic Philosophy of Language and the Geisteswissenschaften* (Dordrecht: Reidel, 1967), p. 2.

[21] See John Thompson, *Critical Hermeneutics* (Cambridge: Cambridge University

Press, 1981).

[22] Jürgen Habermas, *Knowledge and Human Interests* (London: Heinemann, 1971).

[23] T. Adorno *et al., The Positivist Dispute in German Sociology* (London: Heinemann, 1976); Anthony Giddens (ed.), *Positivism and Sociology* (London: Heinemann, 1974).

[24] T. S. Kuhn, *The Structure of Scientific Revolutions*, 2nd edn (Chicago: University of Chicago Press, 1970), p. 118.

[25] Alisdair MacIntyre, *The Unconscious. A Conceptual Analysis* (London: Routledge & Kegan Paul, 1958).

[26] Karl Popper, 'Normal Science and its Dangers', in Imre Lakatos and Alan Musgrave (eds), *Criticism and the Growth of Knowledge* (Cambridge: Cambridge University Press, 1970), p. 52.

[27] Ibid., p. 57.

[28] Mary Hesse, *Models and Analogies in Science* (Notre Dame: University of Notre Dame Press, 1963); *The Structure of Scientific Inference* (London: Macmillan, 1974).

[29] R. Harré and E. H. Madden, *Causal Powers* (Oxford: Blackwell, 1975).

第二章 实在论理论

[1] In the language of transcendental philosophy, we 'constitute' the world by fitting it into hypothetical structures of description and explanation. See Outhwaite, *Concept Formation*, ch. 3.

[2] Roy Bhaskar, *A Realist Theory of Science,* 2nd edn (Brighton, Harvester, 1978), p. 250.

[3] *Auguste Comte and Positivism,* 2nd edn (London: 1866), p. 6, cited in Bhaskar, *A Realist Theory of Science,* p. 63.

[4] P. A. Schlipp (ed.), *The Philosophy of Rudolf Carnap,* The Library of Living Philosophers, vol. 11 (New York: Tudor Press, 1963), p. 18.

[5] Halfpenny, *Positivism and Sociology*, p. 108.

[6] W. V. O. Quine, *From a Logical Point of View* (Cambridge, Mass.: Harvard University

Press, 1953), pp. 41 f.

[7] D. Davidson and J. Hintikka (eds), *Words and Objections* (Dordrecht: Reidel, 1969), p. 293. Cf. *Word and Object* (Cambridge, Mass.: MIT Press, 1960), p. 22.

[8] Ibid.

[9] Richard Rorty, *Philosophy and the Mirror of Nature* (Princeton, NJ: Princeton University Press, 1979), p. 151.

[10] See, for example, David Papineau, *For Science in the Social Sciences* (London: Macmillan, 1978); Baas van Fraassen, *The Scientific Image* (Oxford: Clarendon Press, 1980).

[11] See W. S. Newton-Smith, 'The Power of Scientific Rationality', *Fundamenta Scientiae,* vol. 7, nos 3/4, 1987.

[12] See, for example, Nicholas Rescher, *Methodological Pragmatism* (Oxford: Blackwell, 1977).

[13] Herbert Schnädelbach, *Erfahrung, Begründung und Reflexion. Versuch über den Positivismus* (Frankfurt: Suhrkamp, 1971), p. 9.

[14] Halfpenny, *Positivism and Sociology*, p. 120.

[15] W. F. Sellars, *Science, Perception and Reality* (London: Routledge & Kegan Paul, 1963).

[16] Ibid., p. 97.

[17] Hilary Putnam, *Meaning and the Moral Sciences* (London: Routledge & Kegan Paul, 1978), p. 24.

[18] Mary Hesse, *Revolutions and Reconstructions in the Philosophy of Science* (Brighton, Harvester, 1980), pp. xviii and xix.

[19] Ibid., p. 174.

[20] Karl Popper, *Unended Quest. An Intellectual Autobiography* (Glasgow: Fontana/Collins, 1976), p. 150. *Logik der Forschung* is of course the book translated as *The Logic of Scientific Discovery.*

[21] Popper, *Realism and the Aim of Science* (London: Hutchinson, 1983), p. 81.

[22] See, for example, Sellars, *Science, Perception and Reality* and J. J. C. Smart, *Philosophy and Scientific Realism* (London: Routledge & Kegan Paul, 1963).

[23] D. -H. Ruben, *Marxism and Materialism,* 2nd edn (Brighton: Harvester, 1979),

p. 102.

[24] Ibid., p. 101.

[25] Objective idealism of a Hegelian kind, it seems, rather than a subjective idealism based on perception (ibid., p. 107).

[26] Ibid., p. 108.

[27] Ibid., p. 104.

[28] Ibid., p. 109.

[29] Bhaskar, *A Realist Theory of Science,* p. 9; cf. p. 20.

[30] Ibid., p. 29.

[31] For the programme, see Otto Neurath, *Empiricism and Sociology* (Dordrecht and Boston: Reidel, 1973) and, for a history of philosophy based on this conception, Hans Reichenbach, *The Rise of Scientific Philosophy* (Berkeley: University of California Press, 1951).

[32] Ruben, *Marxism and Materialism*, p. 99.

[33] Bhaskar, *A Realist Theory of Science*, pp. 24 ff.

[34] Richard Rorty, *Consequences of Pragmatism* (Brighton: Harvester. 1982), p. xxvi.

[35] Ibid., p. 249.

[36] Ibid., p. 248.

123 [37] I shall argue later that it must also be made in the social world, though here the more fundamental role of hermeneutics requires that the realist position must be somewhat qualified.

[38] T. S. Kuhn. 'The Function of Dogma in Scientific Research', in A. C. Crombie (ed.). *Scientific Change* (London: Heinemann, 1963).

[39] Bhaskar, *A Realist Theory of Science*, p. 43.

[40] Herbert Schnädelbach, 'Uber den Realismus'. *Zeitschrift für allgemeine Wissenschaftstheorie,* vol. 3, no. 1, 1972, p. 95.

[41] Martin Hollis, *Models of Man* (Cambridge: Cambridge University Press, 1977); Deryck Beyleveld. 'Epistemological Foundations of Sociological Theory', Ph. D. thesis, University of East Anglia, 1975; Deryck Beyleveld, 'Transcendentalism and Realism', unpublished paper, 1980. Note that this is a different and more

precise sense of rationalism than that used in David Sylvan and Barry Glasner, *A Rationalist Methodology for the Social Sciences* (Oxford: Blackwell, 1985). For them, the 'New Social Realism' is a variant of rationalism.

[42] Hollis, *Models of Man,* p. 179.

[43] Bhaskar, *A Realist Theory of Science*, p. 211.

[44] Ibid., p. 174.

[45] Immanuel Kant, *The Critique of Pure Reason,* A. 369. (Tr. Norman Kemp-Smith (London: Macmillan, 1964), pp. 345 f.)

[46] Bhaskar, 'Forms of Realism', *Philosophica,* vol. 15, no. 1, 1975, pp. 100 ff.

[47] Beyleveld, 'Epistemological Foundations', p. 22.

[48] Bhaskar, *A Realist Theory of Science,* p. 249. Cf. *The Possibility of Naturalism* (Brighton: Harvester, 1979), pp. 73 f.

[49] Beyleveld, 'Transcendentalism and Realism', p. 29.

[50] Ibid., p. 27.

[51] Rorty, *Consequences of Pragmatism*, p. xxvi.

[52] A more serious formulation can be found in a recent article by Jonathan Bennett, in P. Bieri *et al.* (eds), *Transcendental Arguments and Science* (Dordrecht: Reidel, 1979), pp. 47 f.

[53] Beyleveld, 'Transcendentalism and Realism', p. 41.

[54] Bhaskar, *A Realist Theory of Science*, pp. 172 f.

[55] Beyleveld, 'Transcendentalism and Realism', p. 42.

[56] Hollis, *Models of Man,* p. 171.

[57] Putnam, *Meaning and the Moral Sciences.*

[58] Bhaskar, *A Realist Theory of Science*, p. 64.

[59] Ibid., p. 57.

第三章　实在论与社会科学

[1] Bhaskar, *A Realist Theory of Science*, p. 250.

[2] See Outhwaite, *Concept Formation in Social Science*, chapter 5.

[3] *A System of Logic,* 7th edn (London: Longmans, 1868), book 6, chapter 7, p. 466. Cf. Steven Lukes, 'Methodological Individualism Reconsidered', *British Journal of*

Sociology, vol. 19, 1968. Reprinted in Lukes, *Essays in Social Theory* (London: Macmillan, 1977).

[4] Pierre Bourdieu, *Outline of a Theory of Practice* (Cambridge: Cambridge
124 University Press, 1977), p. 203, no. 49. Although Bourdieu repeatedly insists
upon this principle, his metatheory seems in practice closer to the position
argued for in this book.

[5] Cf. M. von Cranach and R. Harré (eds) *The Analysis of Action* (Cambridge: Cambridge University Press, 1982), p. 31.

[6] Hollis, *Models of Man,* p. 21 and *passim.*

[7] Bhaskar, *The Possibility of Naturalism*, p. 3.

[8] Ibid., p. 31.

[9] Trevor Pateman has pointed out that this is a gross over-statement; the wild boy of Aveyron presumably performed intentional acts before he encountered human society. It seems to me however that the statement holds, when qualified along the lines of p. 48 above.

[10] Ibid., pp. 43 f.

[11] Ibid., p. 51.

[12] Cf. in particular the work of Anthony Giddens.

[13] Harré, *Social Being*, p. 237. (Cf. p. 349: 'After all, in this work I am trying to locate the social psychological processes and not to solve the great traditional problems of sociology!')

[14] Ibid., p. 94.

[15] Bhaskar, *The Possibility of Naturalism*, pp. 48 f.

[16] Ted Benton, 'Realism and Social Science', *Radical Philosophy,* no. 27, 1981.

[17] Bhaskar, *The Possibility of Naturalism*, p. 60.

[18] Ibid., p. 59.

[19] See Outhwaite, *Concept Formation in Social Science*, pp. 51-67.

[20] Of course the natural sciences are subject to periodic revolutions, but there usually emerges fairly rapidly a consensus on a limited number of post-revolutionary research programmes, and in general a cumulative development of knowledge, at least empirical knowledge. (Cf. Hesse, *Revolutions and*

Reconstructions, pp. 176 f.).

[21] A. Giddens, *New Rules of Sociological Method* (London: Hutchinson, 1976), p. 13.

[22] L. Goldmann, *Marxisme et sciences humaines* (Paris: Gallimard, 1970), p. 250.

[23] Bhaskar, *The Possibility of Naturalism*, p. 63.

[24] W. I. and D. S. Thomas, *The Child in America* (New York: Knopf, 1982), p. 572.

[25] Bhaskar, *The Possibility of Naturalism*, pp. 63 ff.

[26] Cf. Karl Marx, *Capital,* vol. 1 (Harmondsworth: Penguin, 1976), pp. 173 f.

[27] See, for example, Derek Sayer, *Marx's Method. Ideology, Science and Critique in Capital* (Brighton: Harvester Press, 1979), and Bhaskar's entry on 'Realism' in Tom Bottomore (ed.), *A Dictionary of Marxist Thought,* (Oxford: Blackwell, 1983), pp. 407-409.

[28] I discuss this further in Chapter 6. See also Gillian Rose, *Hegel Contra Sociology* (London: Athlone, 1981), p. 1. Rose argues that 'The very idea of a scientific sociology, whether Marxist or non-Marxist, is only possible as a form of neo-Kantianism.'

[29] Emile Durkheim, Review of A. Labriola, *Essays on the Materialist Conception of History,* in Ken Thompson (ed.), *Readings from Emile Durkheim* (Chichester: Ellis Horwood, 1985), p. 28.

[30] Compare, for example, chapter 2 of *The Possibility of Naturalism* with *Social Being,* pp. 19 ff., 139 ff., 237, 348 ff. and 356.

[31] Cf. Hollis and Nell, *Rational Economic Man,* chapter 8.

[32] 'Theory and Value in the Social Sciences', in C. Hookway and P. Pettit (eds), *Action and Interpretation* (Cambridge: Cambridge University Press, 1978). 125
Reprinted in Mary Hesse, *Revolutions and Reconstructions in the Philosophy of Science* (Brighton: Harvester, 1980).

[33] Bhaskar, *The Possibility of Naturalism*, p. 59.

第四章　实在论与解释学

[1] Jürgen Habermas, *Zur Logik der Sozialwissenschaften,* 2nd edn (Frankfurt: Suhrkamp, 1971), p. 72.

[2] John B. Thompson, *Critical Hermeneutics* (Cambridge: Cambridge University Press, 1981).

[3] Hans-Georg Gadamer, *Truth and Method* (London: Sheed & Ward, 1975). Some passages in this chapter have already been published in my contribution to Quentin Skinner (ed.), *The Return of Grand Theory in the Human Sciences* (Cambridge: Cambridge University Press, 1985).

[4] 'Rhetorik, Hermeneutik und Ideologiekritik', in *Hermeneutik und Ideologiekritik* (Frankfurt: Suhrkamp, 1971), p. 64. Translated in The Scope and Function of Hermeneutical Reflection' in H. -G. Gadamer, *Philosophical Hermeneutics* (Berkeley: University of California Press, 1976), p. 25. Cf. the slogan in *Truth and Method,* p. 432: 'Being that can be understood is language'.

[5] Cf. Gadamer's recent collection of articles: *Reason in the Age of Science* (Cambridge, Mass.: MIT Press, 1982).

[6] Gadamer, *Philosophical Hermeneutics*, p. 3.

[7] Gadamer, *Truth and Method,* p. 412.

[8] Gadamer, *Philosophical Hermeneutics*, p. 39.

[9] Cf. for example, E. J. Dijksterhuis, *The Mechanisation of the World-Picture* (Oxford: Oxford University Press, 1961).

[10] Gadamer, *Truth and Method*, pp. 5 ff.

[11] Gadamer, *Philosophical Hermeneutics*, p. 40.

[12] The essay from which I have been quoting is a response to Habermas's 1967 critique in his *Zur Logik der Sozialwissenschaften.* Habermas continued the exchange in his contribution to Gadamer's festschrift, *Hermeneutik und Dialektik I* (Tubingen: Mohr, 1970). This essay, entitled 'The hermeneutic claim to universality', is translated in Josef Bleicher (ed.), *Contemporary Hermeneutics* (London: Routledge & Kegan Paul, 1970). See also Gadamer's reply in *Hermeneutik und Ideologiekritik.*

[13] Gadamer, *Hermeneutik und Ideologiekritik,* pp. 66 f. ; *Philosophical Hermeneutics,* p. 27. This is an extremely obscure passage and the translation, which Gadamer is said to have corrected (p. vii), diverges a good deal from the original.

[14] Gadamer, *Truth and Method,* p. xiii.

[15] Cf. my article on Gadamer in *The Return of Grand Theory.*

[16] For an overview, see Bleicher (ed.). *Contemporary Hermeneutics,* and Bleicher. *The Hermeneutic Imagination* (London: Routledge & Kegan Paul, 1982).

[17] Gadamer, *Truth and Method,* p. 253.

[18] Anthony Giddens, *Central Problems in Social Theory* (London: Macmillan, 1979), p. 248.

[19] Giddens, *New Rules of Sociological Method* (London: Hutchinson, 1976), p. 13.

[20] Max Weber, *Roscher and Knies* (New York: Free Press, 1975) pp. 217 f.

[21] Giddens, *New Rules of Sociological Method,* p. 158.

[22] Alfred Schutz, *The Phenomenology of the Social World* (London: Heinemann, 1972) , p. 10.

[23] Josef Bleicher, *The Hermeneutic Imagination,* pp. 106-114. 126

[24] Alfred Schutz, 'Choice and the Social Sciences', in L. Embree (ed.), *Life World and Consciousness. Essays in Memory of Aaron Gurwitsch* (Evanston, I11.: Northwestern University Press, 1972), p. 583.

[25] Richard Grathoff, *The Theory of Social Action.*

[26] One of several formulations of this principle is the following in Alfred Schutz. *Collected Papers vol. I. The Problem of Social Reality* (The Hague: Nijhoff, 1962), pp. 34 f. 'Each term in a scientific model of human action must be constructed in such a way that a human act performed within the life-world by an individual actor in the way indicated by the typical construct would be understandable for the actor himself as well as for his fellow-men in terms of common-sense interpretations of everyday life.'

[27] Schutz, 'Choice and the Social Sciences', p. 582.

[28] Cf. Bleicher, *The Hermeneutic Imagination,* pp. 133 ff.

[29] J. Habermas, *Theorie des Kommunikativen Handelns,* vol. 2 (Frankfurt: Suhrkamp, 1981), p. 212.

[30] P. Berger and T. Luckmann, *The Social Construction of Reality* (Harmondsworth: Penguin, 1967).

[31] Habermas, *Zur Logik der Sozialwissenschaften*, pp. 243 f.

[32] Giddens, *New Rules of Sociological Method*, pp. 158 f.

[33] Giddens, *Central Problems in Social Theory* (London: Macmillan, 1979), p. 5. Trevor Pateman has pointed out that the term '*stock* of knowledge' is misleading, since such knowledge must also include ways of operating with that knowledge (inference mechanisms, etc.). Cf. Stephen P. Stich, 'Beliefs and Subdoxastic States', *Philosophy of Science*, vol. 45, 1978, pp. 499-518.

[34] Ibid., pp. 5 f.

[35] Paul Ricoeur, *Freud and Philosophy. An Essay on Interpretation* (New Haven: Yale University Press, 1970), p. 26. The latter approach, Ricoeur argues, is dominated by Marx, Nietzsche and Freud.

[36] Gadamer, *Philosophical Hermeneutics*, p. 26.

[37] Ibid., p. 33.

[38] Ibid., p. 42.

[39] 'Hermeneutics and the Critique of Ideology' in Paul Ricoeur, *Hermeneutics and the Human Sciences*, edited and translated by John B. Thompson (Cambridge: Cambridge University Press; Paris: Editions de la Maison des Sciences de l'Homme, 1981).

[40] Habermas, 'The Hermeneutic Claim to Universality', in Bleicher, *Contemporary Hermeneutics*, p. 190.

[41] Ibid., pp. 186 f.

[42] Habermas, *Zur Logik der Sozialwissenschaften*, p. 289.

[43] Ibid., p. 287.

[44] Gadamer, *Philosophical Hermeneutics*, pp. 31 f.

[45] Habermas, *Zur Logik der Sozialwissenschaften*, pp. 290-304.

[46] Habermas, 'The Hermeneutic Claim to Universality', p. 189.

[47] Habermas, *Zur Logik der Sozialwissenschaften*, p. 304.

[48] Habermas, 'The Hermeneutic Claim to Universality', p. 208.

[49] Ibid., p. 203.

[50] Cf. Bleicher, *The Hermeneutic Imagination*, Conclusion.

第五章　实在论与批判理论

127

[1] See in particular David Held, *Introduction to Critical Theory* (London: Hutchinson, 1980).

[2] Max Horkheimer, 'Traditional and Critical Theory' (1937), reprinted in Paul Connerton (ed.) *Critical Sociology* (Harmondsworth: Penguin, 1976), pp. 224 f.

[3] Max Horkheimer, 'Zum Rationalismusstreit in der gegenwartigen Philosophic' (1934), reprinted in Max Horkheimer, *Kritische Theorie,* vol. 1 (Frankfurt: Suhrkamp, 1968), p. 146.

[4] Max Horkheimer and Theodor W. Adorno, *Dialectic of Enlightenment* (1944). English translation (London: Allen Lane, 1972), p. xi.

[5] Habermas, *The Theory of Communicative Action,* vol. 1 (London: Heinemann, 1984), p. 386. Cf. Helmut Dubiel, *Wissenschaftsorganisation und politische Erfahrung* (Frankfurt: Suhrkamp, 1978).

[6] T. Adorno *et al*, *The Positivist Dispute in German Sociology* (London: Heinemann, 1976).

[7] Habermas, *Knowledge and Human Interests* (London: Heinemann, 1972), p. vii. Cf. also his'literature report', *Zur Logik der Sozialwissenschaften,* originally published in 1967. *Theorie des Kommunikativen Handelns* takes a similar form.

[8] Habermas, *Strukturwandel der Offentlichkeit* (Neuwied: Luchterhand, 1962), pp. 278 ff. This book is still not available in English, though there is a French translation (*L'Espacepublique,* Paris: Payot, 1978).

[9] This is published as an appendix to the English translation.

[10] Habermas, *Knowledge and Human Interests,* p. vii.

[11] Ibid., pp. 68 f.

[12] Ibid., p. vii.

[13] Norman Stockman, *Anti-Positivist Theories of the Sciences* (Dordrecht: Riedel, 1983), p. 101.

[14] Ibid., p. 107.

[15] Jürgen Habermas, 'A Postscript to *Knowledge and Human Interests',* *Philosophy of the Social Sciences*, vol. 3, no. 2, 1973, p. 180.

[16] *Theorie des Kommunikativen Handelns,* vol 2 (Frankfurt: Suhrkamp, 1981), p. 586.

[17] 'A Reply to My Critics', in John B. Thompson and David Held (eds), *Habermas. Critical Debates* (London: Macmillan, 1982), p. 233.

[18] Habermas, *Knowledge and Human Interests*, pp. 68 f.

[19] Ibid., Appendix, pp. 309 f.

[20] Ibid., p. 191.

[21] The interest in communication which governs the hermeneutic sciences plays a somewhat different role, since here the object domain is already constituted by the framework of ordinary language. (Cf. ibid., pp. 191 ff.)

[22] Ibid., p. 194.

[23] Cf. Mary Hesse, *Revolutions and Reconstructions in the Philosophy of Science*, especially pp. 182-186.

[24] Habermas, *Knowledge and Human Interests,* chapter 5. He also, of course, adopts a basically Peircean 'consensus theory of truth'.

[25] Thomas McCarthy, *The Critical Theory of Jürgen Habermas.* 2nd edn (Cambridge: Polity, 1984), p. 65.

[26] Bhaskar, *A Realist Theory of Science*, p. 249.

[27] McCarthy, *The Critical Theory of Jürgen Habermas*, pp. 110 f.

128 [28] Ibid., p. 124.

[29] 'Postscript', *Philosophy of the Social Sciences,* vol. 3, no. 2, 1973.

[30] Habermas, *Theory and Practice* (London: Heinemann, 1974), pp. 19 f. Cf. the postscript to *Knowledge and Human Interests,* pp. 166 and 168-174.

[31] J. Habermas and N. Luhmann, *Theorie der Gesellschaft oder Sozialtechnologie-Was Leistet die Systemforschung?* (Frankfurt: Suhrkamp, 1971), p. 206.

[32] Ibid., p. 212.

[33] Ibid., p. 214.

[34] McCarthy, *The Critical Theory of Jürgen Habermas*, pp. 278 f.

[35] Habermas, *Knowledge and Human Interests,* Appendix, p. 310.

[36] 'Postscript', p. 182.

[37] Cf. Habermas, 'Towards a Theory of Communicative Competence', *Inquiry,*

vol. 13, 1970.

[38] Habermas, *Communication and the Evolution of Society* (Boston: Beacon Press. 1979), p. 16.

[39] Ibid., cf. the passage in his Christian Gauss lectures at Princeton in 1970-71 reprinted in *Vorstudien und Ergänzungen zur Theorie des Kommunikativen Handelns* (Frankfurt: Suhrkamp, 1984), pp. 18 f.

[40] W. V. O. Quine, 'Methodological Reflections on Current Linguistic Theory', in D. Davidson and G. Harman (eds), *Semantics of Natural Language* (Dordrecht: Reidel, 1972), pp. 442 f.

[41] Habermas, *Theorie des Kommunikativen Handelns*, vol. 2, p. 179.

[42] Ibid., p. 223.

[43] Ibid., p. 224.

[44] Ibid., p. 227.

[45] The form of *Theory of Communicative Action* is very like Parsons's *Structure of Social Action*; the aim is to demonstrate a convergence of central themes of classical sociological theories towards Habermas's own emergent conception. Cf. vol. 1, preface, p. 7.

[46] Stockman, *Anti-Positivist Theories of the Sciences*, p. 256.

[47] Ibid., p. 207.

[48] Ibid., p. 217. The quotation is from Habermas, *Theory and Practice* (London: Heinemann, 1974), p. 210.

[49] Habermas, *The Theory of Communicative Action*, p. 337.

[50] Habermas, 'Erläuterungen zum Begriff der kommunikativen Handelns', reported in *Vorstudien,* p. 606.

[51] Habermas, 'Wahrheitstheorien', *Vorstudien,* p. 133.

[52] Bhaskar, 'Emergence, Explanation and Emancipation', in Paul Secord (ed.), *Explaining Human Behaviour* (Beverly Hills: Sage, 1982); 'Scientific Explanation and Human Emancipation', *Radical Philosophy* 26, 1980. Cf. Roy Edgley, 'Marx's Revolutionary Science', in J. Mepham and D. H. Ruben (eds), *Issues in Marxist Philosophy,* vol. Ⅲ (Brighton: Harvester, 1979).

[53] Stockman, *Anti-Positivist Theories of the Sciences*, p. 229.

[54] See Habermas's *Legitimation Crisis* (Boston: Beacon Press, 1975).

第六章 批判解释学、实在论与社会学理论

[1] Karl Marx, *Grundrisse* (Harmondsworth: Penguin, 1973), pp. 106, 331.

[2] Marx, *Capital,* vol. 1 (Harmondsworth: Penguin, 1976), p. 174.

[3] Derek Sayer, *Marx's Method* 2nd edn (Brighton: Harvester, 1979), pp. 8 ff.

[4] *Capital,* vol. 1, p. 127.

[5] I. I. Rubin, *Essays on Marx's Theory of Value* (Montreal: Black Rose Books, 1973). First published in 1928.

129 [6] See also J. Mepham and D. -H. Ruben (eds) *Issues in Marxist Philosophy,* vols 1-3, (Brighton: Harvester, 1979).

[7] See, for example, Leszck Kolakowski, 'Karl Marx and the Classical Definition of Truth', in Kolakowski, *Marxism and Beyond* (London: Pall Mall Press, 1969; Paladin, 1971); Alfred Schmidt, *The Concept of Nature in Marx* (London: New Left Books, 1971); Nathan Rotenstreich, *Basic Problems of Marx's Philosophy* (New York, Bobbs-Merrill, 1965).

[8] Georg Lukács, *History and Class Consciousness* (London: Merlin, 1971), p. 130.

[9] Cf. Outhwaite, *Concept Formation,* pp. 85 f., 143 ff.

[10] See Chapter 7 below.

[11] On the other hand, Marx's lack of precision in the area of metatheory has generated a good deal of unnecessary confusion.

[12] Cf. Douglas House, 'Durkheim and the Realist Philosophy of Social Science', *Sociological Analysis and Theory,* vol. 5, no. 2, 1975, pp. 237-54.

[13] Emile Durkheim, *The Rules of Sociological Method* (London: Routledge & Kegan Paul, 1952) ch. 5.

[14] Emile Durkheim, *The Elementary Forms of the Religious Life* (London: Allen & Unwin, 1915).

[15] Gillian Rose, *Hegel Contra Sociology,* p. 1.

[16] Cf. Russell Keat and John Urry, *Social Theory as Science,* 2nd edn (London: Routledge & Kegan Paul, 1975, 1982), pp. 84 f.; Ted Benton, *The Philosophical Foundations of the Three Sociologies* (London: Routledge & Kegan Paul, 1977), p. 100.

[17] Durkheim, *Rules of Sociological Method*, pp. 34 ff.

[18] Keat and Urry, *Social Theory as Science,* p. 85.

[19] Max Weber, *Economy and Society,* vol. 1 (New York: Bedminster Press, 1968), p. 19 (translation modified). He first uses the term 'Wirklichkeitswissenschaft' in *Roscher and Knies* (New York: Free Press, 1975), p. 55, though not yet in relation to sociology. Cf. Horst Baier, *Von der Erkenntnistheorie zur Wirklichkeitswissenschaft* (Habilitationsschrift: University of Münster, 1969), p. 141.

[20] 'Objectivity in Social Science & Social Policy' in Max Weber, *The Methodology of the Social Sciences* (New York: Free Press, 1949), p. 106.

[21] Ibid., p. 94.

[22] Ibid., p. 106.

[23] Ibid., p. 94.

[24] *Economy and Society*, vol. I, p. 4.

[25] Cf. Baier, *Von der Erkenntnistheorie...*, pp. 194-202. See also, in particular, H. Rickert, *Die Grenzen der naturwissenschaftlichen Begriffsbildung* (Tübingen: J. C. B. Mohr, 1902); Carl Menger, *Problems of Economics and Sociology* (Urbana: University of Illinois Press, 1963).

[26] Quoted in Marianne Weber, *Max Weber: A Biography* (New York: Wiley, 1975), p. 677.

[27] Weber, 'Objectivity', p. 72. 1 have used the much better translation provided by Thomas Burger, *Max Weber's Theory of Concept Formation* (Durham, NC: Duke University Press, 1976).

[28] 'The Logic of the Cultural Sciences', in Max Weber's, *The Methodology of the Social Sciences,* pp. 185 f. Translation modified.

[29] Weber, *Roscher and Knies,* p. 190.

[30] Weber, 'Objectivity', p. 112.

[31] Ibid., p. 106.

[32] Ibid., pp. 83 f.

[33] Cf. Harold Bershady, *Ideology and Social Knowledge* (Oxford: Blackwell, 1973).

[34] Talcott Parsons, *The Structure of Social Action* (New York: Free Press, paperback edn, 1968, pp. 101 ff.).

[35] Ibid., p. 730.

[36] Cf. Thomas Burger,' Talcott Parsons, the Problem of Order in Sociology and the Program of an Analytical Sociology', *American Journal of Sociology*, vol. 83, no. 2, p. 324.

[37] Ibid., pp. 330 f.

[38] Ibid., p. 330.

[39] Ibid., p. 332.

[40] It is interesting to note that Althusser makes a similar claim about the relationship between sciences and their objects, and I think it could be argued that it has similarly unfortunate consequences for his very different substantive theorising about social reality.

[41] Note that this principle has not always been adequately applied in realist theories. Rom Harré operates with a rather curious distinction between the domains of sociology and social psychology *Social Being*, p. 349, which Bhaskar has at times taken up (*The Possibility of Naturalism*, p. 45).

第七章　结论：行动、结构与实在论哲学

[1] Rom Harré and P. F. Secord, *The Explanation of Social Behaviour* (Oxford: Blackwell, 1972), ch. 5.

[2] Lukes, 'Methodological Individualism Reconsidered', in D. Emmet and A. MacIntyre (eds) *Sociological Theory and Philosophical Analysis* (London: Macmillan, 1970), p. 77.

[3] Outhwaite, *Concept Formation*, ch. 5.

[4] Bhaskar, *Naturalism*, p. 43.

[5] J. -P. Sartre, *Critique of Dialectical Reason* (London: New Left Books, 1976); Alain Touraine, *Sociologie de l'Action* (Paris: Seuil, 1965).

[6] Cf. Scott Lash and John Urry, 'The New Marxism of Collective Action: A Critical Analysis', *Sociology*, vol. 18, no. 1, 1984, pp. 33-50.

[7] 'Theories of Social Action', in Tom Bottomore and Robert Nisbet (eds), *A*

History of Sociological Analysis (London: Heinemann, 1978), p. 367.
[8] Giddens, *New Rules of Sociological Method*, p. 161.
[9] Giddens, *Profiles and Critiques in Social Theory* (London: Macmillan, 1982), p. 38.
[10] One should note however that, like most social theory, it skates around issues to do with the intrinsic or pre-social powers of human beings-issues which are crucial to psychology and linguistics. See Trevor Pateman, *Language in Mind and Language in Society* (Oxford: Clarendon Press, 1987).
[11] John Urry, *The Anatomy of Capitalist Societies* (London: Macmillan, 1981); Keat and Urry, *Social Theory as Science*, Urry, 'Science, Realism and the Social', *Philosophy of Social Science,* vol. 12, 1982, pp. 311-18.
[12] Urry, *The Anatomy of Capitalist Societies*, p. 8.
[13] For a Marxist account which tries to deal with these problems, see Karl Liebknecht, *Studien über die Bewegungsgesetze der gesellschaftlichen Entwicklung* (1922, new edition edited by O. K. Flechtheim, Hamburg, 1974).
[14] Urry, *The Anatomy of Capitalist Societies.*
[15] Ian Hacking, *Representing and Intervening* (Cambridge: Cambridge University Press, 1983), p. 23.
[16] Rom Harré, 'Images of Society and Social Icons'. 131
[17] Ibid.
[18] Bhaskar, *The Possibility of Naturalism*, pp. 48 f.
[19] Giddens, *New Rules,* p. 13.
[20] Bourdieu, *Outline of a Theory of Practice*, p. 203.
[21] Martin Albrow, 'The Concept of "the Social" in the Work of Marx and Weber', unpublished paper from conference on 'Karl Marx and Max Weber'. Duisburg, 1981).
[22] P. F. Strawson, *Individuals* (London: Methuen, 1959).
[23] Susan James, *The Content of Social Explanation* (Cambridge: Cambridge University Press, 1985), pp. 6 f.
[24] Barry Hindess, 'Actors and Social Relations', in Mark Warded and Stephen Turner (eds), *Sociological Theory in Transition* (Boston: Allen & Unwin, 1986), p. 119.

［25］Cf. ibid., p. 117.

［26］Hollis and Nell, *Rational Economic Man*； Mary Farmer, 'Rational Action in Economic and Social Theory: Some Misunderstandings', *Archives Européennes de Sociologie,* vol. 23, 1982, pp. 179-97.

［27］See, for example, T. M. Bloomfield, 'Psychoanalysis: a Human Science?', *Journal for the Theory of Social Behaviour,* vol. 9, no. 3, 1979, pp. 271-87; David Will, 'Psychoanalysis as a Human Science', *British Journal of Medical Psychology,* vol. 53, no. 3, 1980, pp. 201-11.

［28］For an overview, see Trevor Pateman, 'Philosophy of Linguistics', in Richard Coates *et al.* (eds), *New Horizons in Linguistics 2* (Harmondsworth: Penguin, forthcoming).

［29］Social scientists, for example, now have an excellent and very accessible methodological text written from a realist standpoint: Andrew Sayer, *Method in Social Science* (London: Hutchinson, 1984).

［30］Cf. Norman Stockman, *Anti-Positivist Theories of the Sciences.*

补 充 阅 读

实在论（Realism）

Benton, Ted, *The Philosophical Foundations of the Three Sociologies* (London: Routledge & Kegan Paul, 1977).

——, 'Realism and Social Science', *Radical Philosophy*, no. 27, 1981.

Bhaskar, Roy, *A Realist Theory of Science,* 2nd edn (Brighton: Harvester, 1978).

——, *The Possibility of Naturalism* (Brighton: Harvester, 1979).

——, *Scientific Realism and Human Emancipation* (London: Verso, 1986).

Harré, Rom, *Varieties of Realism* (Oxford: Blackwell, 1986).

Keat, Russell and Urry, John, *Social Theory as Science,* 2nd edn (London: Routledge & Kegan Paul, 1982).

Outhwaite, William, *Concept Formation in Social Science* (London: Routledge & Kegan Paul, 1983).

——, 'Laws and Explanations in Sociology', in John Hughes *et al.* (eds), *Classic Disputes in Sociology* (London: George Allen & Unwin, 1987).

Sayer, Andrew, *Method in Social Science* (London: Hutchinson, 1984).

解释学和批判理论（Hermeneutics and critical theory）

Bauman, Zygmunt, *Hermeneutics and Social Science* (London: Hutchinson. 1978).

Bleicher, Josef, *Contemporary Hermeneutics* (London: Routledge & Kegan Paul, 1980).

——, *The Hermeneutic Imagination* (London: Routledge & Kegan Paul, 1982).

Dallmayr, Fred and McCarthy, Thomas, *Understanding and Social Inquiry* (Indianapolis: Notre Dame University Press, 1977).

Held, David, *Introduction to Critical Theory* (London: Hutchinson, 1980).

Held, David and Thompson, John (eds), *Habermas. Critical Debates* (London: Macmillan, 1982).

McCarthy, Thomas, *The Critical Theory of Jürgen Habermas,* 2nd edn (Cambridge: Polity, 1984).

Outhwaite, William, *Understanding Social Life.* 2nd edn (Lewes: Jean Stroud, 1986).

Roderick, Rick, *Habermas and the Foundations of Critical Theory* (London: Macmillan, 1986).

Thompson, John, *Critical Hermeneutics. A Study in the Thought of Paul Ricoeur and Jürgen Habermas* (Cambridge: Cambridge University Press, 1981).

索　　引[①]

① 索引页码为原书页码，即本书边码。